Bernhard P. Wirth

30 Minuten

Menschenkenntnis

Bibliografische Information der Deutschen Bibliothek

Die Deutsche Bibliothek verzeichnet diese Publikation in der Deutschen Nationalbibliografie; detaillierte bibliografische Daten sind im Internet über http://dnb.d-nb.de abrufbar.

Umschlaggestaltung: die imprimatur, Hainburg
Umschlagkonzept: Martin Zech Design, Bremen
Lektorat: Hille & Schäfer, Freiburg
Satz: Zerosoft, Timisoara (Rumänien)
Druck und Verarbeitung: Salzland Druck, Staßfurt

7. Auflage 2011

Hinweis:
Das Buch ist sorgfältig erarbeitet worden. Dennoch erfolgen alle Angaben ohne Gewähr. Weder Autor noch Verlag können für eventuelle Nachteile oder Schäden, die aus den im Buch gemachten Hinweisen resultieren, eine Haftung übernehmen.

Printed in Germany

978-3-86936-299-1

In 30 Minuten wissen Sie mehr!

Dieses Buch ist so konzipiert, dass Sie in kurzer Zeit prägnante und fundierte Informationen aufnehmen können. Mithilfe eines Leitsystems werden Sie durch das Buch geführt. Es erlaubt Ihnen, innerhalb Ihres persönlichen Zeitkontingents (von 10 bis 30 Minuten) das Wesentliche zu erfassen.

Kurze Lesezeit

In 30 Minuten können Sie das ganze Buch lesen. Wenn Sie weniger Zeit haben, lesen Sie gezielt nur die Stellen, die für Sie wichtige Informationen beinhalten.

- Alle wichtigen Informationen sind blau gedruckt.

- Schlüsselfragen mit Seitenverweisen zu Beginn eines jeden Kapitels erlauben eine schnelle Orientierung: Sie blättern direkt auf die Seite, die Ihre Wissenslücke schließt.

- *Zahlreiche Zusammenfassungen innerhalb der Kapitel erlauben das schnelle Querlesen.*

- Ein Fast Reader am Ende des Buches fasst alle wichtigen Aspekte zusammen.

- Ein Register erleichtert das Nachschlagen.

Inhalt

Vorwort

Wer Menschenkenntnis besitzt, kann unter anderem aus der Körpersprache und dem Verhalten seines Gesprächspartners Hinweise auf dessen Persönlichkeit erhalten. Dafür ist ein hohes Maß an Aufmerksamkeit besonders wichtig. Wenn wir mit anderen Menschen in Kontakt treten, nehmen wir sie gleichzeitig wahr. Selten erscheint uns der andere aber wirklich so, wie er tatsächlich ist. Eine absolute Objektivität in unserer Wahrnehmung ist dabei kaum möglich, denn es fließen alle bis dahin gemachten guten und schlechten Erfahrungen, unsere eigene Verfassung und Lebenssituation ein. Auch für unseren Gesprächspartner spielt das subjektive Befinden eine Rolle.

Leitfaden im Berufs- und Privatleben

Dieses Buch will Ihnen dabei helfen, anhand bestimmter verbaler und nonverbaler Zeichen die Motivation und das Verhalten anderer besser zu verstehen. Dieses Wissen wird Ihnen bei einer positiven Gestaltung zwischenmenschlicher Beziehungen helfen.

Nicht zuletzt erreichen Sie auch in Verhandlungen und Gesprächen Ihre Ziele leichter, weil Sie die (versteckten) Wünsche Ihres Gesprächspartners erkennen und das Gespräch danach ausrichten können.

Aufbau dieses Buches

- Das erste Kapitel ist der Bedeutung von Menschenkenntnis gewidmet.
- Im zweiten Kapitel erfahren Sie Grundlegendes über menschliche Verhaltensmuster.
- Alltägliche Verhaltensweisen und Körpertypologien sind Themen der Kapitel drei und vier.
- Das fünfte Kapitel beschäftigt sich mit der Kunst der Graphologie.

Eine letzte Anmerkung: Auch wenn zu Gunsten eines besseren Leseflusses durchgehend auf die weiblichen Endungen verzichtet wurde, sind Frauen und Männer natürlich gleichberechtigt angesprochen.
Mein besonderer Dank für die Motivation, dieses Buch zu schreiben geht an: Dirk Ader, Patricia Baier, Meinrad Bueb, Herrmann R. Eichhorn, Johann Hofmann, Alexander S. Kaufmann, Marianne Prey und Jutta Steiger.

Bernhard P. Wirth

30 MINUTEN

1. Die Bedeutung von Menschenkenntnis

Eine gute Menschenkenntnis ist in vielen Bereichen, beispielsweise bei Verhandlungen, in vielfältigen Beratungs- und Verkaufsgesprächen ein wesentlicher Schlüssel zum Erfolg.

1.1 Der Nutzen von Menschenkenntnis

Sowohl persönlicher Erfolg als auch Misserfolg hängen oft von den Beziehungen zu unseren Mitmenschen ab. Nur wenn ich jemanden wirklich kenne, kann ich seine Bedürfnisse berücksichtigen. Menschenkenntnis ermöglicht es, die Vorstellungen, Wünsche und Hoffnungen des anderen zu verstehen.

Vermeiden von Fehlurteilen

Menschenkenntnis ist deshalb so wichtig, weil der andere sonst für mich ein Unbekannter bleibt, von dem ich mir dann ein sehr subjektives Bild mache. Fehlurtei-

le sind so vorprogrammiert und können für die Gestaltung zwischenmenschlicher Beziehungen verhängnisvolle Folgen haben. Das gilt sowohl für das Privat- als auch für das Berufsleben.
Beispielsweise bei Personalentscheidungen ist Menschenkenntnis einfach unabdingbar. Schließlich möchten Sie wissen, wie sich ein künftiger Mitarbeiter in einer bestimmten Situation verhalten wird. Wenn Sie in Ihrem Unternehmen eine anstrengende Zeit erwarten, ist es wenig sinnvoll jemanden einzustellen, der nur über eine geringe Stresstoleranz verfügt.
Solchen personellen Fehlentscheidungen kann vorgebeugt werden, indem man die verbalen und nonverbalen Signale des anderen versteht, in seinen Augen zu lesen vermag und in sein Gesicht, auf seine Hände schaut.

30

In vielen Situationen und vor allem bei Personalentscheidungen kommt es darauf an, Hinweise auf das allgemeine Verhalten, die Fähigkeiten, die emotionale Stabilität, das Leistungsvermögen und die Kontaktfähigkeit des Gesprächspartners zu erhalten.

1.2 Der erste Eindruck

Die ersten Sekunden sind entscheidend, wenn es darum geht, sich ein erstes Bild von seinem Mitmenschen zu machen oder selbst einen guten Eindruck zu hinterlassen.

Dabei spielt die Wahrnehmung des anderen eine große Rolle, denn über eines müssen Sie sich im Klaren sein: Für den ersten Eindruck erhält man keine zweite Chance!
Der erste Eindruck setzt sich aus verbalen Signalen (den ersten Worten, der Stimme, dem Tonfall) und nonverbalen Signalen (dem Gesichtsausdruck, der Körpersprache, Mimik, Gestik, Haltung usw.) zusammen. Wir wählen dann aus, sortieren, favorisieren und vernachlässigen und machen uns auf diese Weise ein Bild von unserem Mitmenschen. Auch wenn dieses Bild sehr subjektiv ist, sind wir selten bereit, es später zu korrigieren.

Der erste Eindruck entsteht in den ersten Sekunden eines Zusammentreffens aus einer Vielzahl von aufgenommenen Informationen. Er lässt sich später nur schwer korrigieren.

1.3 Die Begrüßung

Der Händedruck gehört bei uns zum Alltag. Man begrüßt oder verabschiedet sich, beglückwünscht jemanden, gibt sich dabei die Hand und sieht sich an. Wir wollen uns deshalb zunächst mit den Händen bzw. dem Händedruck beschäftigen.

Der feste Händedruck

Der feste Händedruck vermittelt sofort einen angenehmen Eindruck, weil er von einem gesunden Selbstbewusstsein spricht. Das Bewusstsein eines Menschen um seine Fähigkeiten hat nichts mit übertriebener Selbstdarstellung, Überheblichkeit oder gar Arroganz zu tun. Indem der andere Ihnen auf diese Weise die Hand reicht, teilt er Ihnen gleichzeitig etwas von seiner Einstellung zu sich selbst mit; hier kennt jemand seine Stärken und Schwächen ganz genau. Aufrichtigkeit, Offenheit und Verlässlichkeit gehören zu den herausragenden Eigenschaften solcher Menschen, sie kennen in der Regel keine Vorurteile anderen gegenüber und legen Wert auf gute zwischenmenschliche Beziehungen.

Der flüchtige Händedruck

Der flüchtige Händedruck signalisiert Unsicherheit und diese kann ganz verschiedene Ursachen haben. Niemand ist frei von Ängsten und das ist auch gut so. Schnell kann hier jedoch der Eindruck entstehen, dass Unsicherheit oder gar Ängstlichkeit eine herausragende Charaktereigenschaft ist. Solche Menschen wirken zurückhaltend und in ihrer Entscheidungsfähigkeit beeinträchtigt.

Der weiche Händedruck

Der so genannte weiche Händedruck wird deshalb als unangenehm empfunden, weil er in der Regel eine gewisse Passivität zum Ausdruck bringt.

Der starke Händedruck

Von Kraft und der Fähigkeit, auch schwere körperliche Arbeit verrichten zu können, spricht der starke Händedruck. Wird der starke Händedruck so übertrieben, dass Sie anschließend einen Moment brauchen, um die eigene Hand wieder schmerzfrei bewegen zu können, oder dass Sie sich als Sparringspartner in einem Fitness-Studio fühlen, vermuten Sie oft zu Recht mangelndes Feingefühl oder die unterschwellige Absicht, der andere wolle Ihnen gezielt seine körperliche Überlegenheit demonstrieren.

Da viele Begegnungen mit einem begrüßenden Händedruck beginnen, sollten Sie ihm die entsprechende Bedeutung beimessen. Im Lauf der Zeit wird es Ihnen immer besser gelingen, aus der Wahrnehmung der verbalen und nonverbalen Signale die richtigen Schlüsse zu ziehen.

1.4 Das Gespräch

Im Gespräch nehmen wir auch die Körpersprache, also den Gesichtsausdruck, die Stimme, Sprechweise und Körperhaltung, aber auch die Kleidung und Frisur unseres Gesprächspartners wahr. Diese Eindrücke sagen mehr über einen Menschen aus, als man gemeinhin annimmt.

Eine klare Aussprache

Eine klare Aussprache haben Menschen, die wissen, wovon sie reden; hier bilden Wort und Gedanken eine Einheit und lassen Aufrichtigkeit und Ehrlichkeit vermuten, ohne eine gefühlsmäßige Beteiligung am Gesagten zu unterdrücken. Das Bedürfnis nach Klarheit in der Informationsaufnahme und -weitergabe, ein ausgeprägtes Eigendisziplinierungs- und Verantwortungsgefühl sowie Erfolgsorientierung sind erkennbar.

Die undeutliche Aussprache

Wenn es stimmt, dass Gedanken als Sprache existieren, kann man bei einer undeutlichen Aussprache auf eine Unausgereiftheit im Denken schließen. Es können aber auch Unsicherheit oder Selbstzweifel an der eigenen Persönlichkeit die Ursache sein. Diese Aussprache lässt, wie man so schön sagt, an Deutlichkeit zu wünschen übrig, es liegen keine klaren Zielvorstellungen und Entscheidungen vor.

Die lebhafte Sprache

Bei der lebhaften Sprache wird deutlich, dass das Gesagte emotional unterlegt ist und auch wirklich so empfunden wird. Der Gesprächspartner ist temperamentvoll und selbstbewusst. Da diese Menschen sehr kommunikationsfähig sind, werden sie sich den unterschiedlichsten Situationen und Gegebenheiten schnell anpassen können.

Die monotone Sprache

Hinter einer monotonen Aussprache verbirgt sich übertriebene Sachlichkeit. Diese Menschen können oder wollen ihre Emotionen nach außen hin nicht sichtbar werden lassen.

Test:
Welche Merkmale überwiegen bei mir selbst und welche bei meinem Gesprächspartner?

Merkmale:	Ich selbst	Mein Gesprächs-partner
fester Händedruck		
flüchtiger Händedruck		
weicher Händedruck		
starker Händedruck		
klare Aussprache		
undeutliche Aussprache		
lebhafte Sprache		
monotone Sprache		

Während eines Gesprächs kommt es häufig darauf an, Hinweise auf das allgemeine Verhalten, die Fähigkeiten, die emotionale Stabilität, das Leistungsvermögen und/oder die Kontaktfähigkeit des Gesprächspartners zu erhalten. Nur so lassen sich Fehlurteile vermeiden, die später das private oder berufliche Verhältnis belasten könnten.
Das aufmerksame Beobachten, schon bei der Begrüßung und im anschließenden Gespräch, lässt viele wertvolle Schlussfolgerungen zu.

30 MINUTEN

2. Verhaltensprogramme

Es gibt Verhaltensprogramme, die im Unterbewusstsein von Menschen ablaufen. Im Alltag werden sie in der Reaktion auf verschiedene Situationen und im Umgang mit anderen sichtbar. Die Kunst besteht darin, zu verstehen, dass es solche Programme gibt, und richtig mit ihnen umzugehen.

2.1 Intro- und Extrovertiertheit

Manchmal ist es notwendig, die persönlichen Eigenschaften des anderen kennen zu lernen, um abschätzen zu können, ob er den Anforderungen, die an ihn gestellt werden, gerecht werden kann. Wer zu sehr mit sich selbst beschäftigt ist, wird kaum auf die Probleme seiner Mitmenschen oder der Umwelt eingehen und Selbstbewusstsein demonstrieren können. Es gibt aber eine Vielzahl beruflicher Positionen, die eine gewisse Extrovertiertheit erfordern. Ob jemand eher extrovertiert oder introvertiert ist, hängt von seinem Verhaltensprogramm ab.

Der Extrovertierte

Ein extrovertiertes Verhaltensprogramm zu haben, besagt zunächst nichts anderes, als sich über ein nach außen gerichtetes Denken und Handeln zu verwirklichen. Der Extrovertierte benötigt die Außenwelt, um sich bestätigt zu fühlen. Für ihn ist es sehr wichtig, dass andere sein Leben, seine Arbeit und auch seine Erfolge wahrnehmen. Obwohl diese Menschen gern im Mittelpunkt stehen – sie leiden häufig unter einer ausgeprägten Redefreudigkeit und unterliegen einem mehr oder weniger starken Hang zur Selbstdarstellung – können sie eine Zeitlang aufmerksam zuhören, um dann aber ins Geschehen einzugreifen. Ihre Arbeitsweise ist zügig und sie halten sich nicht lange bei Vorarbeiten auf.

Menschen mit diesem Verhaltensmuster treten selbstsicher und bestimmt auf und legen in der Regel eine vorausschaubare Verhaltensweise an den Tag. Sie sind sehr kommunikativ und ständig bestrebt, ihre zwischenmenschlichen Kontakte zu erweitern. Schwierigkeiten gehen sie nicht aus dem Weg.

Extrovertierte sind in der Lage, eindeutige und klare Anweisungen zu geben. Anstehende Entscheidungen werden nicht vertagt, subjektive Meinungen und Einwände anderer allerdings oft schlichtweg übergangen. Sie verfügen über Willenskraft, eine überdurchschnittliche Belastbarkeit, Zielstrebigkeit und Autorität. Mit ihrem Ideenreichtum können diese Menschen andere begeistern und mitreißen, sie ergreifen gern die Initiative und arbeiten eigenverantwortlich.

Zunächst wird Ihnen an einem extrovertierten Gesprächspartner auffallen, dass er Ihre Fragen in kurzen Sätzen beantwortet. Seine Sprache ist direkt, zielgerichtet und verzichtet auf alle Arten von „Schnörkeln“. Fragen zum momentanen Befinden, zum persönlichen Umfeld, zu etwaigen Hobbys oder privaten Interessen, wie überhaupt zum Privatleben, werden ausführlich beantwortet.

Der Introvertierte

Introvertierte Menschen möchten, dass von ihrem Leben so wenig wie möglich an die Öffentlichkeit gelangt. Sie wirken beständig und zuverlässig, sind ausgesprochen gute Zuhörer und stets bemüht, den anderen auch tatsächlich zu verstehen. Sie arbeiten dann am besten, wenn sie auf sich allein gestellt sind. Teamarbeit liegt ihnen weniger. Nur selten suchen sie bei anderen Rat.
Introvertierte ergreifen äußerst selten von sich aus die Initiative und haben nichts dagegen, wenn andere dies für sie tun, ja, oft verlassen sie sich von vornherein darauf. Wenn sie jedoch eine Aufgabe in Angriff genommen haben, sind sie in ihrem Handeln genau und äußerst zuverlässig.
Zunächst wird Ihnen auffallen, dass der Betreffende kaum von sich aus zu reden beginnt und förmlich darauf wartet, dass Sie das Gespräch eröffnen. Aber auch dann ist er nicht sehr gesprächig. Sie werden schnell bemerken, dass sich der Introvertierte in den seltensten Fällen für bestimmte Situationen in seinem bisheri-

gen Leben verantwortlich fühlt. Das Erscheinungsbild dieser Menschen strahlt oft eine eher abwartende und zögerliche bis gehemmte Haltung aus. In ihrer Mimik und Gestik wirken diese Menschen ruhig und besonnen.

Jeder Mensch verfügt zu individuell verschiedenen Anteilen sowohl über das Verhaltensmuster der Introvertiertheit als auch über das der Extrovertiertheit. Erst das Überwiegen des einen oder anderen Verhaltensprogramms macht den Grundtypus aus!

2.2 Ziele und Lösungsverhalten

Auch im Handeln treffen wir auf verschiedene Verhaltensprogramme:

Der Stratege

Der Stratege bevorzugt klare Zielvorgaben, an denen er sich verwirklichen kann. Er wird alle ihm zur Verfügung stehenden Mittel nutzen, um sein Ziel zu erreichen und andere in sein Tun einbeziehen, wenn deren Engagement sich seinen Zielen unterordnet.
Strategen fallen im Gespräch dadurch auf, dass sie sich in erster Linie über die Aufgaben informieren, die auf sie zukommen. Die körpersprachlichen Signale dieser Menschen vermitteln den Eindruck, als wollten

sie die Bedeutung und Notwendigkeit klarer Ziele und Aufgaben unterstreichen. Deutlich wird das am vermehrten Einsatz des Zeigefingers und Nicken des Kopfes.

Der Problembewusste

Problembewusste Menschen beschäftigen sich meist mit mehreren Lösungsvorschlägen und wägen das Für und Wider genau ab. Für sie ist der Umweg manchmal der geradeste Weg zur Erreichung eines Ziels. Dabei sollte keinesfalls der Verdacht entstehen, dass diese Menschen ziellos handeln würden. Nur sind sie eben oft mehr an den verschiedenen Lösungswegen interessiert als an ihrer Ausführung.

Der Problembewusste bezieht andere und deren Meinungen in die eigenen Überlegungen ein und gilt in der Regel als sehr kollegial und teamfähig. Diese Menschen sind es, die andere vor übereilten Entschlüssen bewahren! Ihr ausgeprägtes Problembewusstsein macht sie insbesondere für das Krisenmanagement geeignet. Selbst kleinste Unstimmigkeiten und Schieflagen werden von ihnen rasch aufgespürt. Problembewusste sind aufmerksam, besonnen und vorsichtig, aber nicht ängstlich. In ihrem Konfliktverhalten zeigen sie sich ausgeglichen und den Meinungen anderer gegenüber aufgeschlossen. Die Gestik und Mimik dieser Menschen wirkt auf den ersten Blick distanziert, manchmal sogar abweisend. Einige fallen durch gelegentliches, dezentes Kopfschütteln auf.

30 *Sie erkennen den Strategen an der konsequenten Ansteuerung seines Ziels unter Einbeziehung aller zur Verfügung stehenden Mittel. Demgegenüber beschäftigen sich Problembewusste mit mehreren Lösungsvorschlägen und sind sensibel im Umgang mit ihren Mitmenschen.*

2.3 Motivation

Menschen unterscheiden sich in der Art, wie sie sich selbst motivieren.

Der Aktive

Aktive Menschen sind ständig auf der Suche nach Möglichkeiten, sich selbst zu verwirklichen. Dies spricht für ein ausgeprägtes Selbstbewusstsein, das aber leicht zur Selbstüberschätzung werden kann. Auf Kritik, die hier ansetzt, wird in der Regel mit Gegenkritik reagiert. Der Aktive ist sehr schwer dazu zu bewegen, einmal getroffene Entscheidungen wieder zurückzunehmen oder zu ändern, weil er sich dadurch selbst in Frage gestellt sehen würde. In der Regel fällt es ihm sehr schwer, sich an feste Regeln zu halten. Im Umgang mit solchen Menschen wird Ihnen vielleicht auffallen, dass sie häufig mit dem Finger auf sich selbst weisen, als würden sie dadurch ihren eigenen Überzeugungen mehr Gewicht verleihen wollen.

Der Passive

Passive Menschen bewerten ihr eigenes Tun nicht selbst, sondern orientieren sich an den Meinungen, Stellungnahmen oder Einschätzungen anderer. Das Gefühl der Zugehörigkeit zu einem Team oder einer Gruppe wird sie in ihrer Arbeit motivieren, weil sie meinen, nur hier die für sie notwendige Anerkennung und Beachtung zu finden.
Passive können sich ein- und unterordnen und richten sich oft nach der so genannten „öffentlichen Meinung" aus. Überhaupt ist das Denken und Handeln anderer für sie ungemein wichtig. Das heißt aber nicht, dass sie es anderen unter allen Umständen und zu jeder Zeit recht machen wollen. Die Mimik und Gestik der Passiven lässt deutlich erkennen, dass sie sich von ihrem Gesprächspartner Auskunft über die eigene Person erhoffen.

Das Bedürfnis nach Leistung, Selbstverwirklichung sowie Anerkennung entwickelt der Aktive aus sich selbst heraus. Demgegenüber benötigt der Passive Anstöße von außen. 30

2.4 Festhalten an Traditionen

Viele Menschen fühlen sich besonders motiviert, wenn ihre Arbeit in bewährter Weise zum Erfolg führt und die Aufrechterhaltung ihrer inzwischen erlangten Lebensqualität garantiert.

Der Konservative

Konservative Menschen sind in ihrem Denken sehr realitätsbezogen. Veränderungen im gewohnten Ablauf ihrer Tätigkeit wirken auf sie beunruhigend. Veränderungen gegenüber verhalten sich Konservative deshalb zumindest skeptisch. Sie arbeiten gern und zuverlässig mit anderen zusammen, die sie über Jahre hinweg kennen. Ihr allgemeines Auftreten wirkt sehr seriös. Pünktlichkeit, Verlässlichkeit und Loyalität werden von ihnen als menschliche Grundtugenden verstanden. Die Mimik und Gestik dieser Menschen wirkt ruhig, ausgeglichen und ernsthaft.

Der Progressive

Progressive Menschen sind einfallsreich, fantasievoll und bekannt für unkonventionelle Lösungen. Das lässt nicht nur ein analytisches, sondern in einem gewissen Grad auch ein kreatives Denkvermögen vermuten. Progressive sind davon überzeugt, dass es notwendig ist, alteingefahrene Gleise zu verlassen. So wirken sie auf andere motivierend und begeisternd, ihr Optimismus steckt an. Progressive zeichnen sich durch eine hohe Belastbarkeit und Standhaftigkeit aus, sie haben Mut zum Risiko. An der Mimik und Gestik dieser Menschen ist das beschriebene Verhaltensmuster kaum zu erkennen. Lediglich ihre Hand- und Armbewegungen haben manchmal etwas Vorwärtsweisendes an sich.

Konservative Menschen suchen Sicherheit und können sich nur schwer auf Veränderungen einstellen. Sind Innovationen erforderlich, um an bisherige Erfolgen anknüpfen zu können, sind progressive Menschen für deren Umsetzung bestens geeignet.

2.5 Kooperationsverhalten

In vielen Situationen ist es wichtig zu wissen, ob jemand lieber allein arbeitet oder im Team und wie viel Verantwortung er zu tragen bereit ist.

Der Einzelkämpfer

In Großraumbüros wird man den Einzelkämpfer kaum antreffen und wenn doch, fühlt er sich dort nicht glücklich. Das Kooperationsverhalten von Einzelkämpfern lässt sich in einem Satz umschreiben: Sie arbeiten am liebsten allein. Hinter diesem Verhalten verbirgt sich nicht der Weltfremde, der abgeschieden von seiner Umgebung in einem stillen Kämmerlein wirkt. Einzelkämpfer verlassen sich nur lieber auf sich selbst.

Einzelkämpfer bevorzugen im Berufsleben Positionen, die ihnen viel Handlungs- und Entscheidungsfreiheit gestatten. Ihre Unabhängigkeit ist ihnen hier sehr wichtig. Wird sie eingeschränkt, reagieren sie schnell heftig. Auf sich allein gestellt, zeichnen sich Einzelkämpfer durch unbedingte Zuverlässigkeit, Pflichtgefühl, Gründlichkeit und Geduld aus. Sie sind sehr belastbar und bitten nur in den seltensten Fällen andere um Rat oder Hilfe. Diese Menschen übernehmen die volle Verantwortung für ihr Denken und Handeln und stehen zu ihren Entscheidungen. Ihre Mimik und Gestik ist völlig unauffällig und deutet nicht auf das beschriebene Verhaltensmuster hin.

Der Teamworker

Diese Menschen brauchen ein Arbeitsumfeld, in dem sie sich anderen mitteilen können. Sie sind sehr kooperativ und bevorzugen arbeitsteilige Tätigkeiten. Auf Spannungen und Missstimmungen im Team reagieren sie sensibel, denn sie sind sehr an einem guten Betriebsklima interessiert. Teamworker äußern ihre Meinung – auch dann, wenn sie voraussichtlich nicht von allen geteilt wird.

Der Demokrat

Demokraten sind sehr verantwortungsbewusst, selbstherrliche Entscheidungen sind ihnen fremd. Sie sind offen für die Ansichten anderer und werden sie in die eigenen Überlegungen stets einbeziehen.

Demokraten sind konsensfähig. Ihr Bestreben, Verantwortung zu teilen, resultiert nicht etwa aus Selbstzweifeln oder Unsicherheit. Es ist vielmehr darauf zurückzuführen, dass sie eine Aufgabe so ernst nehmen, dass sie folgenschwere Entscheidungen nicht alleine treffen wollen. Deshalb lassen sie andere an ihren Ideen teilhaben und geben wichtige Informationen zuverlässig weiter. Auf Kritik, soweit sie der Sache dient, reagieren demokratisch eingestellte Menschen sachlich. Um Konflikte zu lösen, beugen sie sich der Mehrheit. Ihre Mimik und Gestik strahlt Offenherzigkeit und Aufrichtigkeit aus.

Menschen, die gern im Team arbeiten, sind daran interessiert, das Team auch in kritischen Situationen zusammenzuhalten, und verkörpern den integrierenden Typus in einer Gruppe. Demokraten werden Positionen bevorzugen, in denen sie nicht auf sich alleine gestellt sind, im Gegensatz zum Einzelkämpfer.

2.6 Umgang mit Stress

Oft wundern oder ärgern wir uns über Reaktionen unserer Mitmenschen, die wir nicht einordnen können. Dabei handelt es sich jedoch häufig nur um eines der typischen Verhaltensmuster, die bei Stress aktiviert werden.

Der Hysteriker

Menschen mit diesem Verhaltensprogramm reagieren sehr empfindlich auf Stress. Sie können sich an einer stressauslösenden Situation gefühlsmäßig so stark beteiligen, dass sie – im Extremfall – die Beherrschung verlieren können. Hysteriker wirken in Stress-Situationen fahrig, unruhig und nervös.

Der Gelassene

Gelassene Menschen sind gegen Stress zwar nicht immun, sie haben aber eine andere Einstellung dazu: Für Gelassene ist Stress etwas Vorübergehendes. Damit erweisen sie sich gerade in Konfliktsituationen und wirtschaftlichen Krisen als belastbar. Gelassene Menschen sind ausgesprochen realitätsnah und praxisbezogen und verstehen es, andere mitzureißen und zu begeistern. Persönliche Interessen werden in kritischen Situationen zu Gunsten pragmatischer Lösungen zurückgestellt. Mimik und Gestik dieser Menschen strahlen selbst in Stressphasen Ruhe und Besonnenheit aus.

Der Coole

Diese Menschen betrachten Stress als etwas Alltägliches. Sie brauchen ihn, finden ihn eben cool. Wenn Stress Druck ist, muss er mit Gegendruck beantwortet werden. Coole Menschen fühlen sich durch Stress motiviert. Das kann so weit gehen, dass sie sich in ruhigen Zeiten sogar nach Stress sehnen, wenn sie ihn nicht gar selbst erzeugen. Sie entwickeln dann eine Betriebsamkeit und gelegentliche Hektik, die ihresgleichen sucht. Solche Menschen sind zwar außerordentlich belastbar, aber sie verzetteln sich auch häufig und verlieren die eigentliche Aufgabe dann rasch aus den Augen. Sie wirken ausgesprochen lebhaft, motivierend und begeisternd.

Checkliste Verhaltensprogramme

	Ja	Nein
• Ergreifen Sie von selbst die Initiative?	☐	☐
• Benötigen Sie Impulse von außen?	☐	☐
• Arbeiten Sie zielgerichtet?	☐	☐
• Sehen Sie eher die Probleme?	☐	☐
• Woher nehmen Sie Ihre Motivation?	☐	☐
• Machen Ihnen Veränderungen Angst?	☐	☐
• Treffen Sie Entscheidungen gerne allein?	☐	☐
• Fühlen Sie sich nur im Team richtig wohl?	☐	☐
• Werden Sie bei Stress hektisch?	☐	☐
• Lassen Sie sich nicht so leicht aus der Ruhe bringen?	☐	☐

Jeder Mensch handelt auf Grund eines unbewusst ablaufenden Verhaltensprogramms. 30

- ***Das äußert sich darin, dass extrovertierte Menschen gern die Initiative ergreifen und sich in den Vordergrund stellen. Introvertierte Menschen dagegen warten auf Impulse von außen.***
- ***Zur Erreichung eines Ziels benutzt jeder Mensch, abhängig von seinem Verhaltensprogramm, andere Strategien.***
- ***Nicht jeder Mensch ist in der Lage, sich selbst zu motivieren, viele brauchen äußere Anstöße dazu.***
- ***Bestimmte Stress-Situationen können bei dem einen sehr emotionale Reaktionen hervorrufen, der andere scheint dagegen immun zu sein.***

30 MINUTEN

3. Wahrnehmung und Verhalten

Was Sie über Ihre Sinne wahrnehmen, ist nicht die, sondern Ihre Welt. Damit ist jede Wahrnehmung gleichzeitig eine individuelle Interpretation, Deutung oder Übersetzung der Welt, eine Landkarte, die jeder von uns braucht, um sich zurecht zu finden.

Um jemanden besser verstehen oder mit Fragen, Bemerkungen oder Hinweisen wirklich erreichen zu können, ist es wichtig herauszufinden, welche Wahrnehmungskanäle der andere bevorzugt.

3.1 Wahrnehmungskanäle

Unseren fünf Sinnen entsprechend gibt es fünf Wahrnehmungskanäle:

- visueller Wahrnehmungskanal: Sehen,
- auditiver Wahrnehmungskanal: Hören,
- kinästhetischer Wahrnehmungskanal: Fühlen,
- olfaktorischer Wahrnehmungskanal: Riechen,
- gustatorischer Wahrnehmungskanal: Schmecken.

Die ersten drei Wahrnehmungskanäle sind besonders wichtig. Am Sprachverhalten bzw. der damit verbundenen Wortwahl lässt sich erkennen, welche Wahrnehmungs- oder Sinneskanäle jemand in einer bestimmten Situation benutzt.

Der visuelle Typus

Der visuell geprägte Typus erschließt sich seine Umgebung vorzugsweise in Bildern, das heißt er muss das, was ihn überzeugen oder motivieren soll, „mit eigenen Augen" gesehen haben, oder er muss es sich plastisch vorstellen können. Wenngleich sich sein Wortschatz nicht auf die folgenden Verben und Adjektive reduzieren lässt, so werden sie in seiner Sprache doch eine besondere Rolle spielen: sehen, schauen, gucken, beobachten, erblicken, vorstellen, durchschauen, hell, farbig, blass, klar, leuchtend usw.
Aufschlussreich sind auch die Redewendungen, die von visuell orientierten Menschen bevorzugt werden: je-

manden vom Sehen her kennen, jemandem ähnlich sehen, jemandem auf die Finger schauen, Licht am Ende des Tunnels sehen, hinter die Kulissen schauen, seinen eigenen Augen nicht trauen usw. Wenn Sie den visuellen Typus erkannt haben, sollten Sie sich eine entsprechende Strategie für eine erfolgreiche Kommunikation zurechtlegen, um möglichst viel über Ihren Gesprächspartner und seine Welt zu erfahren und dadurch besser auf ihn eingehen zu können.

Der auditive Typus

Der auditiv orientierte Typus achtet sehr genau darauf, was und wie etwas gesagt wird. Er erschließt sich die Welt in der Regel über die verbale Kommunikation und benutzt gern Verben und Adjektive wie hören, lauschen, reden, singen, verstehen, verhallen, flüstern, schweigen, laut, leise, schrill, gedämpft usw. Dazu kommen Redewendungen wie: himmlische Ruhe, höllischer Lärm, sich in Schweigen hüllen, in sich hineinhören, etwas von sich hören lassen, ganz Ohr sein, viel Lärm um nichts, wie eine Katze schnurren usw. Bereiten Sie sich nach Möglichkeit gut auf das Gespräch mit einem auditiven Gesprächspartner vor! Ihm kommt es in erster Linie darauf an, sich im Gespräch mitzuteilen.

Der kinästhetische Typus

Der kinästhetische Typus bevorzugt das Fühlen, um seine Umwelt wahrzunehmen. Seine Wortwahl ist deshalb geprägt durch Adjektive wie fühlen, spüren, empfinden, erle-

ben, hineinversetzen, tasten, berühren, festhalten, einfühlen, durchleben, greifen, nachfühlen, drücken, anstoßen, schmerzhaft, angenehm, weich, hart, fest, kalt, warm usw. Folgende Redewendungen sind typisch für den Kinästheten: das Herz schlägt mir bis zum Hals, kalte Hände haben, in Schwung geraten, sich in eine Situation hineinversetzen, bange Minuten erleben usw.
Das Gespräch mit einem Kinästheten wird besonders dann lebhaft verlaufen, wenn Themen angeschnitten werden, die Ihr Gesprächspartner in dieser oder jener Form bereits selbst erlebt hat.

30 *Für den visuellen Typus ist es von großer Bedeutung, sich die Dinge bildlich vorstellen zu können. Das gesprochene Wort hat dagegen für einen auditiv Wahrnehmenden höchste Priorität. Für Kinästheten spielen eigene Erfahrungen und Emotionen eine große Rolle.*

3.2 Farben gestatten Rückschlüsse

Die Wahl der Farbe, zum Beispiel bei der Kleidung, wirkt als eine Form der nonverbalen Kommunikation auf die Umwelt. Mit Farben will der Mensch etwas signalisieren oder bewirken, Stimmungen erzeugen usw.
Farbpräferenzen lassen Rückschlüsse auf die emotionale Lage eines anderen zu.

Schwarz

Menschen, die Schwarz lieben, spüren in sich einen Hang zur Tiefe und Gründlichkeit, aber auch zum Mystischen und Metaphysischen. Sie bleiben nicht an der Oberfläche einer Sache, sondern versuchen zu ihrem Wesen vorzudringen. Oft besitzen sie eine gewisse intuitive Veranlagung und orientieren sich nicht ausschließlich an Fakten und Erfahrungen.
Menschen mit einer Vorliebe für Schwarz wollen – bewusst oder unbewusst – etwas Geheimnisvolles ausstrahlen. Das kann auch ein Ausdruck für die Ablehnung gesellschaftlicher Normen sein oder für den Wunsch sich abzugrenzen.

Was fällt Ihnen spontan zu Schwarz ein?

- schwarz sehen
- Magie
- der schwarze Tod (die Pest)
- Tod
- Nacht
- Eleganz
- schwarze Katze
- Tiefe
- Unergründlichkeit
- Trauer
- Festlichkeit
- das kleine Schwarze
- Witwe

Weiß

Wer Weiß mag, wird häufig von einem Hang zur Vollkommenheit beherrscht und verfügt über eine ausgesprochen idealistische Weltsicht. Solche Menschen wollen sich nicht von anderen abgrenzen, sind offenherzig und aufrichtig.

Was fällt Ihnen spontan zu Weiß ein?

- Unschuld
- Reinheit
- Hochzeit, Braut
- Helligkeit
- eine weiße Weste haben
- Licht

Grau

Wer eine Vorliebe für Grau hat, will in der Regel nicht auffallen, möchte anonym bleiben und ist vielleicht vorsichtig oder ängstlich. So jemand verzichtet meist auf eine nach außen gerichtete Karriere und wirkt lieber still im Hintergrund. Dort kann er sehr ziel- und erfolgsorientiert sein. Wer Grau mag, ist meist sehr geduldig und zuverlässig.

Was fällt Ihnen spontan zu Grau ein?

- Nebel
- Häusermeer
- graue Zellen
- graue Maus
- November

Rot

Menschen, die für sich die Farbe Rot bevorzugen, wollen auffallen. Sie sind voller Lebensfreude und haben mitunter eine schier unerschöpfliche Vitalität. Sie können sehr leidenschaftlich sein und lassen sich oftmals von ihren Gefühlen steuern. Ihr ausgeprägtes Selbstbewusstsein lässt einen starken Durchsetzungswillen erkennen. Sie sind selten ängstlich, neigen aber auch dazu, gelegentlich den Bogen zu überspannen. In Konfliktsituationen treten sie bestimmt auf, wirken mitunter streitlustig, tragen Meinungsverschiedenheiten mit anderen aber offen aus. Rot signalisiert eine gewisse Extrovertiertheit.

Was fällt Ihnen spontan zur Farbe Rot ein?

- Blut
- Zorn, Wut
- Revolution
- Feuer, Hitze, Fieber
- Halt! Stopp! Achtung! Gefahr!
- Liebe, Leidenschaft

Gelb

Menschen mit einer Vorliebe für Gelb sind in der Regel aufgeschlossen, temperamentvoll und geistreich. Klarheit in ihren Worten und Gedanken ist typisch für sie. Diese Menschen sind kreativ, wobei ihre fachliche Neugier grenzenlos sein kann. Gelb verrät meistens den sanguinischen Charakter. Sanguiniker sind kontaktfreudig und benötigen den kommunikativen Umgang mit anderen. Die Farbe Gelb deutet auf Autorität, Selbstkontrolle oder Selbstbeherrschung hin.

Was fällt Ihnen spontan zur Farbe Gelb ein?

- Sonne
- Sonnenblume
- Neid
- Sand
- Briefkasten, Post
- Eifersucht

Orange

Menschen, die Orange lieben, verfügen über viel Fantasie, haben künstlerische Ambitionen und sind sehr aufgeschlossen. Sie lieben ihre Unabhängigkeit und haben ein starkes Selbstbewusstsein sowie ein ausgeprägtes Gefühlsleben. Ihre Ansichten und Meinungen äußern sie ohne Scheu, Gefühle werden offen und aufrichtig gezeigt. Ihre Rechte fordern sie ein oder setzen sie durch. Sie sind ausgesprochen kontaktfreudig und verhalten sich anderen gegenüber meist sehr großzügig.

Was fällt Ihnen spontan zur Farbe Orange ein?

- Südfrüchte
- Sonnenuntergang
- Kreativität

Grün

Menschen mit einer Vorliebe für Grün sind in der Regel sehr tolerant und begegnen anderen unvoreingenommen. Sie legen im privaten wie im beruflichen Bereich sehr viel Wert auf gute zwischenmenschliche Beziehungen, sind innerlich ausgeglichen und in ihrem Denken und Handeln beständig. Menschen mit der bevorzugten Farbe Grün arbeiten erfahrungsgemäß zielorientiert und genau, sind zuverlässig und pünktlich. Sie haben meist eher konservative Ansichten. Oft fallen sie durch ein ausgeprägtes Natur- und Umweltbewusstsein auf. Die meisten wirken optimistisch und stellen an sich und andere hohe Ansprüche.

Was fällt Ihnen spontan zur Farbe Grün ein?

- Frühling
- Natur
- Rasen, Wiese
- Umweltschutz
- Förster, Jäger
- Hoffnung

Blau

Menschen mit der Lieblingsfarbe Blau lieben gleichzeitig die innere Ausgeglichenheit und den ausgewogenen Umgang mit anderen. Sie verfügen über eine hohe Stresstoleranz und sind physisch wie psychisch belastbar. Sie verhalten sich in der Regel loyal, sind hilfsbereit und teamfähig. Dabei neigen sie im Umgang mit anderen zu einer gewissen Distanz.
Menschen, denen die Farbe Blau besonders gut gefällt, besitzen die Fähigkeit zu größter geistiger Konzentration. Darüber hinaus haben sie durchaus intuitive Fähigkeiten, lassen sich in ihrem Denken und Handeln von einem gewissen Idealismus leiten und sind bereit, eigene Erfahrungen und Kenntnisse an andere weiterzugeben.

Was fällt Ihnen spontan zur Farbe Blau ein?

- Meer, Ozean
- Himmel
- Unendlichkeit
- blauer Planet
- Ruhe
- Treue

Braun

Menschen mit einer Vorliebe für die Farbe Braun sind erfahrungsgemäß selbstsicher und strahlen eine gewisse Autorität aus. Ihre Gefühlsäußerungen sind eher spärlich. Oft erweisen sie sich als sehr hilfsbereit, wenngleich ihre Hilfsbereitschaft nicht immer selbstlos ist.
Sie gelten zu Recht als zuverlässig und in ihrem Denken und Handeln beständig. Darüber hinaus haben diese Menschen in der Regel Organisationstalent.

Was fällt Ihnen spontan zur Farbe Braun ein?

- Erde
- Holz
- Wärme
- Schokolade
- Kaffee

30 *Bevorzugte Farben bei einem Menschen können als nonverbale Kommunikation Informationen und Signale vermitteln. Dabei verbinden wir zum Beispiel Schwarz mit Mystischem, Blau mit Stresstoleranz und Orange mit Kreativität. Diese, in Verbindung mit der Farbe genannten Charaktereigenschaften treffen nicht immer, aber sehr häufig zu.*

3.3 Sitzen ist mehr als Platz nehmen

Nach der Begrüßung bieten Sie Ihrem Gesprächspartner an, Platz zu nehmen. Ehe Sie das Gespräch eröffnen, achten Sie doch einmal darauf, wie er sich hinsetzt.
Das Anbieten eines Sitzplatzes geschieht übrigens nicht einzig und allein aus Höflichkeit. Dahinter verbirgt sich auch die unbewusste Absicht, nicht von oben herab betrachtet oder angesprochen zu werden.

Das Sitzen auf der Stuhlkante

So zu sitzen ist eher eine Art Fluchtposition. Hier könnte es sich um jemanden handeln, der unsicher ist. Ein dabei nach vorn geneigter Oberkörper kann zusätzlich Unbehagen signalisieren.

Das behagliche Sitzen

Wer sich behaglich hinsetzt, geht von vornherein mit einem hohen Selbstwertgefühl und einer positiven Grundeinstellung ins Gespräch. Diese Haltung sorgt für eine entspannte Gesprächsatmosphäre und spricht für Aufrichtigkeit und Kommunikationsbereitschaft. Es kann aber auch auf Leichtfertigkeit („Das erledige ich doch im Sitzen!") hinweisen.

Das aufrechte Sitzen

In aufrechter Sitzhaltung offenbaren sich Aufmerksamkeit und Konzentration. Man kann davon ausgehen, dass solche Menschen über eine rasche Auffassungsgabe verfügen und nicht lange zögern werden, Anweisungen sofort und ohne größere Umschweife umzusetzen. Das spricht für ein energisches Wesen, Selbstbeherrschung und für ein ausgeprägtes Selbstwertgefühl.

Wie jemand Platz nimmt, lässt unter Umständen darauf schließen, wie er sich fühlt und was möglicherweise von ihm zu erwarten ist. 30

3.4 Der Ton macht die Musik

Es ist sicherlich möglich, bestimmte Berufsgruppen bereits an der Sprache zu erkennen: den Geistlichen, den Berufssoldaten, die Erzieherin, den Politiker oder die Kinderkrankenschwester. Und in der Tat, unsere Stimme gestattet eine Vielzahl von Rückschlüssen auf unseren Charakter.

Die leise Stimme

Spricht jemand leise mit uns, ohne dass es schwerfällt, ihm zuzuhören, werden innere Ruhe, Ausgeglichenheit und Unbefangenheit deutlich. Diese Stimme lässt einen kühlen Verstand vermuten sowie das Bemühen, sachlich zu bleiben, wobei Emotionalität bewusst vermieden wird. Der Gesprächspartner soll nicht übertönt oder beeinflusst werden. Hier kommen Respekt vor anderen und kommunikatives Interesse zum Ausdruck, was Teamfähigkeit vermuten lässt. Solche Menschen werden auch in Stress-Situationen den Überblick behalten und gleichzeitig andere davon abhalten, in schwierigen Situationen den Kopf zu verlieren. Ihre Stärke ist sachliche Ruhe, die von einem gesunden Selbstwertgefühl zeugt. Eine sehr leise Stimme dagegen kann Ausdruck von Unsicherheit, Angst und Selbstzweifeln sein.

Die laute Stimme

Eine laute Stimme steht für physische und psychische Stärke. Hier kommen Vitalität, Entschlossenheit, Tatendrang, Einsatzbereitschaft und ein ausgeprägtes Selbstbewusstsein, das eine gefühlsmäßige Beteiligung nicht verbergen will, zum Ausdruck. Die laute Stimme kann aber auch bewusst eingesetzt werden, um eine gewisse Unsicherheit oder Frustration regelrecht zu übertönen.

In der sehr lauten Stimme wird unter Umständen der autoritäre Charakter eines Menschen deutlich, der nicht bereit ist, die Meinung anderer zu akzeptieren. Hier zählt die eigene Stimme und sonst gar nichts.

Die warme Stimme

Die Klangfarbe einer Stimme hängt vor allem von der emotionalen Beteiligung am Gespräch ab. Eine volle, warme Stimme bringt innere Ruhe, Ausgeglichenheit, Selbstsicherheit und Gelassenheit zum Ausdruck. Diese Menschen sind nicht so schnell aus dem Gleichgewicht zu bringen, sie sind belastbar. Eine tiefe, warme Stimme wirkt angenehm und positiv vereinnahmend, sie strahlt Vertrauenswürdigkeit und Zuverlässigkeit aus. Hier offenbaren sich Herzlichkeit und Unvoreingenommenheit gegenüber anderen.

Die kalte Stimme

Gefühlsregungen werden durch eine kalte Stimme nicht geäußert, es geht einzig und allein um die Sache. Menschen mit einer kalten Stimme werden in der Durchsetzung ihrer Ziele sehr beharrlich und zuverlässig sein und vielleicht gelegentlich auch rücksichtslos vorgehen.

Sie sind nicht sehr gesprächig und beschränken sich meist auf das Nötigste, also auf sachliche Informationen. Diese Menschen wirken auf andere unnahbar. Widerstände und Einwände werden von ihnen häufig unterdrückt oder übergangen.

30 *Die Lautstärke und der Klang der Stimme geben Auskunft über das emotionale Befinden eines Menschen. Wenn Sie genau hinhören, erfahren Sie dadurch sehr viel über die innere Verfassung Ihres Gesprächspartners.*

3.5 Rauchen erlaubt

Wenn Sie Raucher sind und man Ihnen im Laufe eines Gesprächs eine Zigarette anbietet, nehmen Sie diese an, statt dankend mit dem Hinweis, Sie seien Nichtraucher, abzulehnen. Ihr Gesprächspartner würde Sie ohnehin durchschauen und sich angesichts Ihrer kleinen Lüge fragen, wie glaubwürdig Sie sind.

Rauch nach oben

Sie blasen den Rauch nach oben? Das zeigt eine optimistische Grundeinstellung und deutet auf einen gewissen Pragmatismus hin. Sie sind belastbar und Stress-Situationen auch über einen größeren Zeitraum hinweg gewachsen.

Rauch nach unten

Dies weist auf eine schüchterne oder ängstliche Natur hin. Solche Menschen sind eher vorsichtig und äußern ihre Meinung lieber etwas zurückhaltend. Sie sind sehr verantwortungsbewusst und suchen die Schuld für eventuelle Misserfolge zuerst bei sich selbst.

Rauch nach vorn

Wird der Rauch gerade herausgeblasen, spricht das von einem ausgeprägten Selbstbewusstsein. Diese Menschen sind zuversichtlich und äußern ihre Meinung offen und ehrlich. Sie wissen, wie man seine Interessen angemessen durchsetzt oder auch mal Nein sagt. Dieser Typus Raucher spricht von seinen eigenen Fehlern und betrachtet sie als Momente eines Lern- und Erfahrungsprozesses.

Andere Rauchgewohnheiten

Blasen Sie den Rauch Ihrer Zigarette nach links oder rechts, dann bevorzugen Sie klare Anweisungen. Sie setzen Ihre ganze Kraft ein, um Ihre Ziele zu erreichen, besitzen Organisationstalent und sind teamfähig, so-

weit die anderen Ihnen hilfreich und unterstützend zur Seite stehen.
Sie „paffen“ nur oder „rauchen Backe“? Eigentlich könnten Sie mit dem Rauchen aufhören. Entweder versuchen Sie auf diese Weise, Ihre Nervosität zu überspielen, oder für Sie ist Rauchen eine Art Statussymbol.
Zünden Sie sich Ihre Zigarette in aller Ruhe, ohne Hektik und Nervosität an und genießen diese in ruhigen Zügen, dann sind Sie erfahrungsgemäß ein ruhiger und ausgeglichener Mensch, der auch in angespannten Situationen nicht so schnell aus dem Gleichgewicht gerät. Sie lassen die Dinge erst einmal auf sich zukommen und treffen nach reiflicher Überlegung dann die richtige Entscheidung. Weiter sind Sie ein sachlich-nüchterner Denker mit einem kontrollierten Gefühlsleben, der aber auch den angenehmen Seiten des Lebens gegenüber aufgeschlossen ist. Sie gelten als besonnen, kommunikationsfreudig und zuverlässig.
Fallen Sie durch hastiges Rauchen, fahrige Bewegungen und häufiges, manchmal überflüssiges Abstreichen der Asche auf, kann man dies einerseits Ihrer Aufregung zuschreiben, andererseits könnte man, falls Sie gar nicht zur Ruhe kommen sollten, annehmen, dass Sie mit Belastungen nicht gut umgehen können.
Hektische Bewegungen signalisieren eine starke emotionale Beteiligung am Geschehen und können dazu führen, dass man Ihnen mangelnde Konzentrationsfähigkeit und eine sprunghafte Denk- und Handlungsweise unterstellt.

30

Mit unseren fünf Sinnen bilden wir nicht die wirkliche Welt ab, sondern unsere eigene.

- ***Jeder bevorzugt bestimmte Wahrnehmungskanäle – welche das sind, erkennt man unter anderem an der Wortwahl.***
- ***An bestimmten Verhaltensmustern und Farbpräferenzen kann man bei genauer Beobachtung viel über den anderen erfahren.***
- ***Versuchen Sie dieses Wissen bei Ihrem nächsten Gespräch anzuwenden!***

30 MINUTEN

Welche Temperamente kennen Sie?

Seite 49

Welche Zusammenhänge bestehen zwischen Körperbau und Charakter?

Seite 51

Was können Sie am Gesicht ablesen?

Seite 60

4. Temperamente und Körpertypologien

4.1 Die vier Grundtemperamente

Die Lehre von den Temperamenten geht auf den griechischen Arzt Hippokrates zurück. Ihre inhaltliche Behauptung vom Zusammenhang zwischen „Körpersäften“ und Temperament hat heute keine Bedeutung mehr, aber die auf ihr basierende Einteilung in die vier Grundtemperamente findet immer noch Anwendung.

Der Sanguiniker

Sogenannte „Leichtblütige“ sind in allen Lebenslagen optimistisch eingestellte Menschen. Sie sind eher unkonventionell. Durch ihr unbekümmertes Denken wirkt auch ihr Handeln häufig spontan. Dabei verfügen sie über viel Fantasie und kennen im Allgemeinen keine Anpassungsschwierigkeiten. Sanguiniker sind extrovertierte Menschen und gelten damit als ausgesprochen teamfähig. Sie sind auch sehr schnell für neue Aufgaben zu begeistern, wobei sich ihr Verantwortungsgefühl und ihre Zuverlässigkeit aber eher in Grenzen halten. Manchmal treffen sie unüberlegte Entscheidungen oder fällen vorschnelle Urteile, die sie dann gegebenenfalls aber auch rasch wieder revidieren.

Der Choleriker

Der „Heißblütige" ist gelegentlich launisch, leicht erregbar und „aufbrausend", kommt aber rasch wieder auf den Boden der Tatsachen zurück. Auch er gehört erfahrungsgemäß zu den extrovertierten Menschen, die sehr aktiv und selbstbewusst sind und sich in ihrer Freiheit und Unabhängigkeit nur ungern einschränken lassen. In ihrem Denken und Handeln wirken Choleriker oft impulsiv, aber trotz ihrer scheinbaren Ruhelosigkeit sind sie häufig sehr kreative Mitarbeiter.

Der Melancholiker

Die „Schwerblütigen" sind empfindsame und sensible Menschen. Sie bevorzugen Arbeiten und Tätigkeiten, die sie für sich und auf sich allein gestellt durchführen können. Diese eher introvertierten Menschen wirken ruhig und reserviert. Haben sie aber erst einmal ihre Vorbehalte anderen gegenüber überwunden, sind sie äußerst verlässlich. Mit Veränderungen und Neuerungen tun sich Melancholiker schwer.

Der Phlegmatiker

Diese „kaltblütigen" Menschen gehören sicherlich nicht zu den gewandtesten und flexibelsten Zeitgenossen, sind aber in ihrer Belastbarkeit, Ruhe und Ausdauer kaum zu übertreffen. Ihr Handeln erfolgt überlegt. Sie sind gründlich und gewissenhaft. In einem Team oder in einer Gruppe gehören Phlegmatiker zu den so genannten ruhigen Polen. Sie sind meistens introvertiert.

Es gibt verschiedene Temperamente, die zumindest ansatzweise bei allen Menschen auftreten. Sie sind mitverantwortlich für die allgemeine Lebenseinstellung und äußern sich in unterschiedlichen Verhaltensweisen.

4.2 Der Körperbau

Ernst Kretschmer (1888-1964), Psychiater in Tübingen, veröffentlichte 1921 seine Beobachtungen zum Zusammenhang von Körperbau und „seelischer Struktur" des Menschen. Seine Lehre von den so genannten Konstitutionstypen (lat. constitutio: Beschaffenheit) war das Ergebnis jahrelanger klinischer Beobachtungen. Für Kretschmer stand fest, dass das äußere Erscheinungsbild eines Menschen in einem engen Zusammenhang mit seinen individuellen Charaktereigenschaften steht. Beschrieben werden von Kretschmer drei Grundtypen:

- der Leptosome (schlankwüchsiger Körperbautyp),
- der Pykniker (rundwüchsiger Körperbautyp) und
- der Athlet (kraftwüchsiger Körperbautyp).

Dabei geht es aber, beispielsweise beim Athleten, nicht um einen über Jahre hinweg auf Grund entsprechenden Trainings geformten Körperbau, sondern um jene körperliche Konstitution, die uns sozusagen in die Wiege gelegt wurde.

Schlankwüchsiger Körperbau (Leptosome)

Leptosome Menschen sind im sachlich-logischen, begrifflichen und objektiven Denken zu Hause. Als Theoretiker zweifeln sie an den Dingen, die für sie nicht nachvollziehbar oder zu beweisen sind. Sie denken in größeren Zusammenhängen, verfügen aber auch über einen ausgeprägten Blick fürs Detail und besitzen hervorragende analytische Fähigkeiten. Ihr Interesse gilt grundsätzlich der Welt der abstrakten Ideen. Alltäglichen Problemen stehen sie dagegen manchmal etwas hilflos gegenüber.
Leptosome betrachten sich eher als Vordenker. Die praktische Umsetzung ihrer Ideen überlassen diese Menschen gern anderen. Sie sind sehr kritisch, wobei ihre Kritik meistens wertfrei vorgetragen wird, eine emotionale Beteiligung ist kaum spürbar. Überhaupt halten diese Menschen ihr Gefühlsleben meist unter Verschluss, sind wenig mitteilsam und wirken daher introvertiert. Dies kann zu einer Ansammlung von Ge-

fühlen führen, die sich plötzlich und unerwartet entladen.

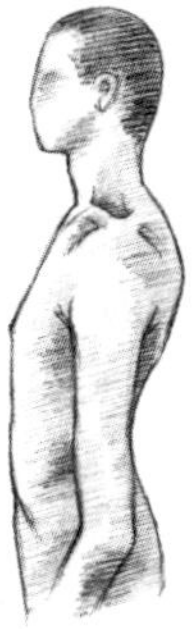

Leptosomer Körperbautyp

Oft staunen sie dann sogar selbst über ihren Gefühlsausbruch und versuchen ihn zu rationalisieren. Das gestaltet den Umgang mit ihnen, zumindest im Privatleben, nicht immer einfach. Im Berufsleben arbeiten Leptosome gern auf sich allein gestellt, können sich aber durchaus in ein Team einfügen, falls man ihnen genügend Freiräume lässt.

Rundwüchsiger Körperbau (Pykniker)

Als Pykniker treten meistens praktisch veranlagte Menschen in Erscheinung. „Praktisch" meint hier nicht nur handwerkliches oder technisches Geschick, sondern auch das allgemeine Bedürfnis, die Dinge lieber selbst in die Hand zu nehmen (Kinästhet). Diese Menschen verfügen über eine lebenspraktische Grundeinstellung, die sich nicht zuletzt in einer ausgeprägten Sach- und Erfolgsorientierung äußert. Als Pragmatiker sind sie handlungs- und sachbezogen.

Pykniker sehen ihre Bestimmung im Handeln, sie empfinden den Beruf als Berufung. Sie haben Fantasie und besitzen die Fähigkeit zu bildhaftem Denken. Ihre Eingebundenheit in diese Welt ist die Ursache für ihre recht unkomplizierte Lebensphilosophie. Solche Menschen sind sehr gesellig und suchen regelrecht den sozialen und menschlichen Kontakt. Mitunter begegnen wir ihnen als impulsiven Zeitgenossen, die gelegentlich die Selbstbeherrschung verlieren. Das kann passieren, wenn sich ein Pykniker eingeengt fühlt oder zuviel Rücksicht auf andere nehmen muss.

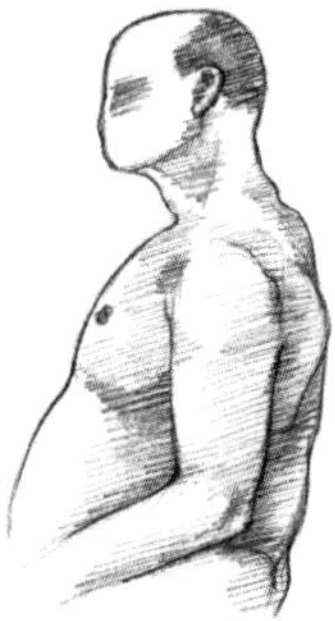

Pyknischer Körperbautyp

Im Berufsalltag bewähren sich Pykniker gern in Situationen, die rasche Entscheidungen und schnelles Handeln erfordern. Misserfolge können sie verkraften, bei Stress verfallen sie nicht gleich in Hektik. Solche Menschen arbeiten gerade dann besonders effizient, wenn sie nicht an starre Anweisungen gebunden sind. Sie empfinden ein abwechslungsreiches berufliches Umfeld als ideal. Vor verantwortungsvollen Positionen scheuen sie nicht zurück, auch wenn dies mit Einschränkungen in ihrem Privatleben verbunden ist.

Athletischer Körperbau (Athleten)

Athleten sind sich ihrer physischen Stärke wohl bewusst. Sie äußert sich bei ihnen in einer unerschütterlichen Gelassenheit und Ruhe, die alle Lebensbereiche durchdringt. Wenn andere schon längst das Handtuch geworfen haben, beginnen sich diese Menschen für das anstehende Problem erst richtig zu interessieren. Körperlich und seelisch sind sie sehr belastbar. Athleten zögern nicht, sie handeln!

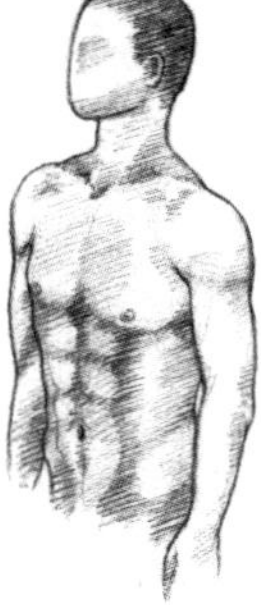

Athletischer Körperbautyp

Athleten sind zwar etwas wortkarg, aber sehr hilfsbereit und werden von ihren Mitmenschen vor allem wegen ihrer pragmatischen Art, ihrer Beständigkeit und Zuverlässigkeit geschätzt.

Die drei verschiedenen Körperbautypen und ihre Hauptcharakterzüge in Kürze:

Leptosome	Theoretiker, abstrakt-logische Denker, Analytiker, Kreativität im theoretischen Bereich, introvertiertes Gefühlsleben
Pykniker	Praktiker, Pragmatiker, realitätsbezogenes Denken, aber auch fantasievoll, belastbar, sehr kontaktfreudig
Athlet	physisch stark, ruhig und gelassen, pragmatisch, sehr belastbar, zuverlässig, stressresistent

30 *Sicher treffen nicht immer alle Charaktereigenschaften auf einen bestimmten Menschen zu. Genauso, wie sich der Körperbautyp mitunter nicht eindeutig festlegen lässt. Wichtig für die Einschätzung eines anderen ist die Grundtendenz.*

4.3 Die Hände

„Mit diesen Händen können Sie allenfalls Schmied werden ...“ hörte er sie noch sagen, schloss die Tür hinter sich und begrub seine Hoffnungen, Pianist zu werden.

Zugegeben, ein krasses Beispiel. Ich möchte damit lediglich verdeutlichen, dass die Gestalt der Hände, beispielsweise für bestimmte Berufe, von entscheidender Bedeutung sein kann. Heutzutage werden uns viele Tätigkeiten durch Maschinen abgenommen, sodass diese Zusammenhänge zunächst an Bedeutung verloren haben. Dennoch ist es außerordentlich interessant, einen Blick auf die Hände unseres Gesprächspartners zu werfen, denn ihre Form gestattet durchaus einige Rückschlüsse auf seine Wesensart. Auf den ersten Blick nehmen wir dabei vielleicht nur eine dicke oder dünne, schmale oder breite, lange oder kurze Hand wahr, aber mit ein bisschen Übung kann man im Lauf der Zeit aus diesen Formen tendenzielle Wesensmerkmale der betreffenden Person herauslesen.

Kurze, breite Hände

Kurze, breite Hand

Menschen mit kurzen, breiten Händen sind oft praktisch veranlagt. „Praktisch" meint hier nicht nur hand-

werkliches und technisches Geschick, sondern das Bestreben, die Dinge lieber selbst in die Hand zu nehmen.
Darüber hinaus handelt es sich dabei um eine lebenspraktische Einstellung überhaupt, die sich nicht zuletzt in einer ausgeprägten Sach- und Erfolgsorientierung äußert. Solche Menschen wollen wissen, was zu tun ist. Abstraktes Denken liegt ihnen nicht. Sie haben aber durchaus Fantasie und besitzen die Fähigkeit zu bildhaftem Denken. Ihre Bodenständigkeit reicht bis ins Gefühlsleben hinein. Sie sind sehr gesellig und neuen Kontakten andren Menschen gegenüber stets aufgeschlossen.
Dabei fallen sie insbesondere durch ihre Zugänglichkeit und Offenheit auf.

Lange, schmale Hände

Menschen mit langen, schmalen Händen gehören zu den Theoretikern und werden eigentlich immer an jenen Dingen zweifeln, die für sie nicht zu beweisen sind. Sie haben einen ausgeprägten Blick fürs Detail und verfügen über hervorragende analytische Fähigkeiten. Ihr Interesse gilt in erster Linie der Welt der abstrakten Ideen und weniger den großen und kleinen Problemen des realen Alltags, in dem diese Menschen manchmal etwas hilflos wirken. Dadurch erscheinen sie oft als weltfremd, zumal sie sich auch für die ausgefallensten Gedanken begeistern können.

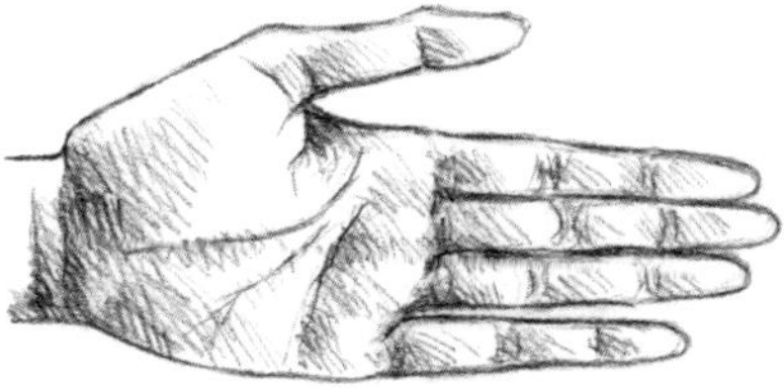

Lange, schmale Hand

Ihr Gefühlsleben halten diese Menschen verschlossen, auf dieser Ebene wirken sie eher introvertiert. Einerseits reagieren sie auf eine Vielzahl von Ereignissen, gerade in ihrem persönlichen Leben, recht sensibel, andererseits stehen sie Problemen ihrer Mitmenschen manchmal fassungslos gegenüber.

Kräftige, derbe Hände

Bei Menschen mit kräftigen, derben Händen vermutet man zu Recht, dass sie kräftig zupacken können. Aus diesem Blickwinkel heraus leben sie im Bewusstsein ihrer physischen Kraft. Sie strahlen eine unerschütterliche Gelassenheit aus.

Körperlich wie seelisch sind sie sehr belastbar und gelten erfahrungsgemäß als Tatmenschen. Auffallend ist, dass die Handlungsweise dieser Menschen mitunter von einer gewissen Pedanterie gekennzeichnet ist und kaum von verbalen Kommentaren begleitet wird.

Andere fühlen sich in ihrer Gegenwart sicher, geborgen und beschützt. Menschen mit solchen Händen sind sehr hilfsbereit und gelten im Team häufig als ruhender Pol.

30

Der Blick auf die Hände verrät Ihnen viel über Ihren Gesprächspartner. Nicht nur Hinweise auf die Fähigkeit zu körperlicher Arbeit, sondern auch Charaktereigenschaften lassen sich hier ablesen.

4.4 Der Blick ins Gesicht

Unser Gesicht wirkt für unseren Gesprächspartner wie eine Visitenkarte. Er kann mit einiger Übung zahlreiche Informationen ablesen, auch solche, die sich schon „tief eingegraben" haben.

Das schmale Gesicht

Das schmale Gesicht

Menschen mit einem schmalen Gesicht zeichnen sich in der Regel durch Beweglichkeit im Denken und Handeln aus. Sie besitzen eine schnelle Auffassungsgabe und können situationsgerecht reagieren. Durch ihr gutes Urteilsvermögen sind ihre Entscheidungen ausgewo-

gen. Sie können deshalb in Konfliktsituationen ausgleichend reagieren. Ihre Anpassungsfähigkeit gehört zu ihren besonderen Stärken.
Menschen mit dieser Gesichtsform entfalten ihre Talente meistens auf geistigem Gebiet, sie verfügen über ein ausgeprägtes analytisches Denken und Kreativität, sind aber keine Praktiker im eigentlichen Sinne. Anderen Menschen gegenüber treten sie meistens unvoreingenommen auf.

Das breite Gesicht

Das breite Gesicht

Menschen mit einer breiten Gesichtsform zeichnen sich durch ein realitätsbezogenes Denken aus. Ihr Handeln ist erfolgsorientiert. Dabei verfügen sie über bemerkenswerte organisatorische Fähigkeiten und schrecken auch vor Problemen nicht zurück. Mit einer starken Willenskraft ausgestattet entwickeln sie eindeutige Vorstellungen von dem, was sie erreichen wollen. Solche Menschen können durch Leistungsdruck motiviert werden, lieben die Herausforderung und sind bereit, diese mit anderen zu teilen. Ihre Vitalität und Entschlossenheit spornt andere an.

Das scharf geschnittene Gesicht

Menschen mit einem scharf geschnittenen Gesicht wirken mitunter kühl und unzugänglich. Sie strahlen intellektuelle Überlegenheit und Autorität aus. Dabei sind sie durch emotionale Selbstbeherrschung geprägt. Außerdem zeichnen sie sich durch kompromissloses und energisches Handeln aus.

Das scharf geschnittene Gesicht

Menschen mit dieser Gesichtsform können voll in einer Aufgabe aufgehen und stellen dabei an sich und andere hohe Anforderungen. Sie sind in der Lage, anderen klare und eindeutige Anweisungen zu geben. Ihre Entscheidungen treffen sie am liebsten selbst. Sowohl physisch als auch psychisch sind solche Menschen sehr belastbar.

Das runde Gesicht

Menschen mit einer runden Gesichtsform sind erfahrungsgemäß offen und ehrlich. Sie besitzen ein intensives Gefühlsleben. Deshalb unterliegt ihr Verhalten manchmal Stimmungsschwankungen. Solche Menschen zeichnen sich durch großes Einfühlungsvermögen aus, respektieren das Selbstwertgefühl anderer und können dabei sehr kollegial und hilfsbereit auftreten.

Das runde Gesicht

Menschen mit einem runden Gesicht haben in der Regel viel Fantasie und besitzen die Gabe, unkonventionelle Lösungen zu finden. Sie treten besonnen auf, wirken aber manchmal etwas zu vorsichtig.

Überblick über die verschiedenen Gesichtsformen:	
schmales Gesicht	im Denken und Handeln flexibel, kreatives, aber auch analytisches Denkvermögen
breites Gesicht	organisatorische Fähigkeiten, erfolgsorientiert, sach- und realitätsbezogen, risikofreudig
scharf geschnittenes Gesicht	autoritär, klare und eindeutige Anweisungen, kompromisslos und energisch
rundes Gesicht	ehrlich und aufrichtig, emotional, fantasievoll, unkonventionell

Senkrechte Stirnfalten

Senkrechte Stirnfalten

Menschen mit der so genannten Konzentrationsfalte können die unterschiedlichsten Zusammenhänge auf

ihren sachlichen Gehalt reduzieren und exakt darstellen. Sie wirken stets konzentriert und gesammelt, wenden sich jeder Aufgabe voll zu und sind stets bemüht, bis zur letzten Klarheit einer Sache, Idee oder Aufgabe vorzudringen.
Menschen mit senkrechter Stirnfalte sind zuverlässig und pünktlich. Sie können Kritik vertragen, ohne sie persönlich zu nehmen. Sie wirken meinungsbildend, sind aber gleichzeitig den Ansichten und Ideen anderer gegenüber aufgeschlossen. Diese Menschen sind für neue Herausforderungen und Aufgaben offen, treffen aber ungern spontane Entscheidungen.

Waagerechte Stirnfalten

Waagerechte Stirnfalten

Menschen mit waagerechten Stirnfalten sind nicht oberflächlich, sie nehmen ihre Mitmenschen, ihre Umwelt und sich selbst ernst und wichtig. Von äußeren Einflüssen lassen sie sich nicht ablenken. Leichtfertigkeit oder Spontaneität im Denken und Handeln sind ihnen in der Regel fremd. Dadurch wirken sie auf andere gelegentlich bedächtig, etwas langsam und umsichtig. Veränderten Situationen und neuen Aufgaben begegnen solche Menschen aufgeschlossen. Sie bringen den Problemen anderer Respekt entgegen und reagieren verständnisvoll.

Senkrechte und waagerechte Stirnfalten

Menschen mit senkrechten und gleichzeitig auch waagerechten Stirnfalten scheinen seit geraumer Zeit Schwierigkeiten mit sich, anderen oder der Umwelt haben. Diese Schwierigkeiten sind ihrer Meinung nach unlösbar, denn solche Menschen neigen zu einer pessimistischen Weltsicht. Sie ergreifen nur selten die Initiative und lassen die Dinge am liebsten auf sich zukommen. Entscheidungen werden gerne auf die lange Bank geschoben.

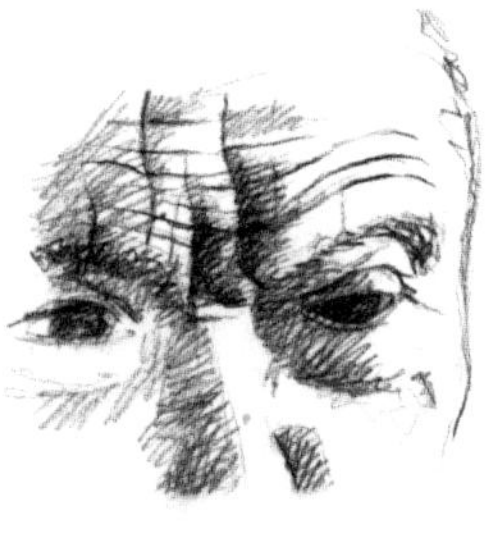

Waagerechte und senkrechte Stirnfalten

Die Mittelfalte

Menschen mit dieser einen, aber ausdrucksvollen Stirnfalte sind sowohl im rationalen als auch im emotionalen Denken zu Hause. Sie sind häufig sehr originell und kreativ und werden angesichts schwieriger Situationen kaum jemals vorschnell aufgeben. Erfahrungsgemäß lösen diese Zeitgenossen auch schwierige Probleme selbstständig. Gleichzeitig sind sie aber in der Lage, ihre Grenzen hinsichtlich Können und Verantwortung richtig einzuschätzen.

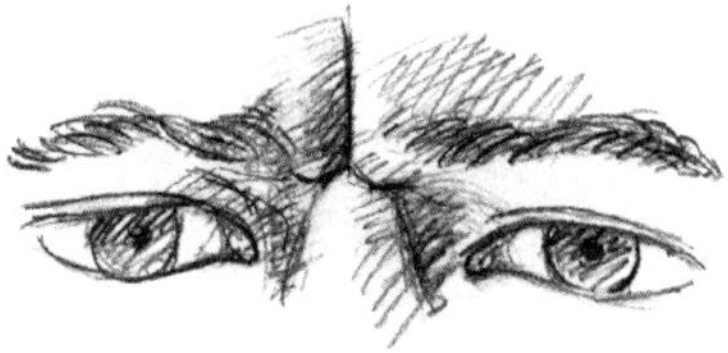

Die Mittelfalte

Ohne Falten

Bei Menschen ohne Stirnfalten handelt es sich um glückliche Menschen. Sie sind erfolgreich und haben mit sich, anderen und der Umwelt keine Probleme. Solche Menschen sind flexibel und offen für alles Neue.
Von Zeit zu Zeit kann ihr Denken und Handeln oberflächlich erscheinen. Sie bevorzugen eine abwechslungsreiche berufliche Tätigkeit.

Ohne Falten

Charakteristische Stirnfalten:	
senkrechte Stirnfalten	gründlich und gewissenhaft, konsensfähig
waagerechte Stirnfalten	detailliert, verständnisvoll, bestrebt, dem Denken und Handeln einen Sinn zu geben
senkrechte und waagerechte Stirnfalten Mittelfalte	problemorientiert, wenig entscheidungsfreudig logisch und fantasievoll, auch in angespannten Situationen besonnen
ohne Falten	flexibel, neuen Anforderungen gegenüber aufgeschlossen

30 *Sie können anhand der Gesichtsform auf den ersten Blick erkennen, mit welcher Wesensart ihr Gesprächspartner ausgestattet ist. Über Jahre hinweg haben sich bestimmte Eigenschaften als Falten eingeprägt.*

4.5 Augen auf!

Die Augen eines Menschen spiegeln bekanntlich seine Seele wider. Was kann man wirklich von den Augen ablesen?

Eng zusammenstehende Augen

Für Menschen mit eng zusammenstehenden Augen sind erfahrungsgemäß materielle Erfolge oder die soziale Anerkennung weniger wichtig. Sie möchten eigene Ideale und Vorstellungen ausleben. Das kann bis zur völligen Hingabe führen. Sie können durchaus mit anderen zusammenarbeiten, möchten aber die Verantwortung behalten.

Eng zusammenstehende Augen

Weiter auseinander liegende Augen

Menschen mit weiter auseinander liegenden Augen gehören fast immer zu den nüchternen Denkern. Ihre gesamte Lebensphilosophie orientiert sich an Tatsachen und ist auf das Machbare ausgerichtet. Sie können klare und verständliche Anweisungen geben und die richtigen Entscheidungen treffen. Solche Menschen denken und handeln zielorientiert und gelten als sehr zuverlässig.

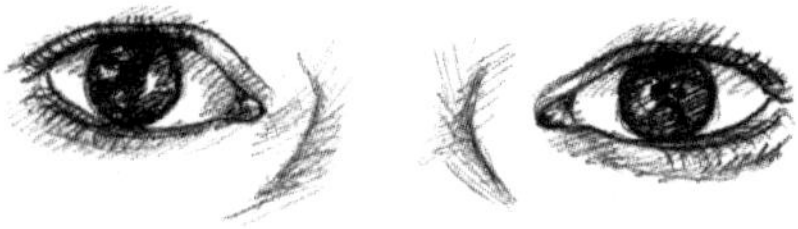

Weiter auseinander liegende Augen

Ihr Verhalten ist deshalb meist gut kalkulierbar.

Offene Augen

Menschen mit offenen Augen haben keine Berührungsängste und treten ihrer Umwelt sehr aufgeschlossen entgegen.

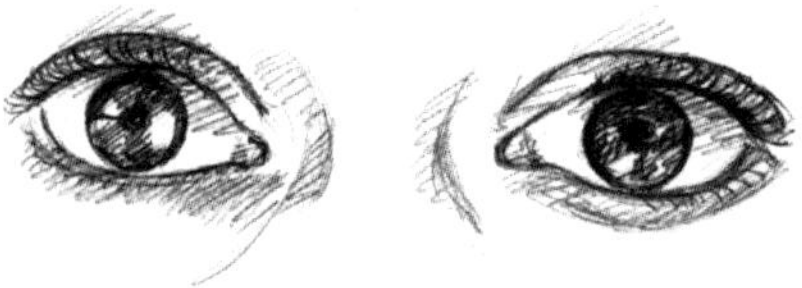

Offene Augen

Sie sind gern bereit, mit anderen zusammenzuarbeiten. Ein Team können solche Menschen auch in kritischen Situationen zusammenhalten (integrierender Faktor). Sie stehen zu ihren Entscheidungen und übernehmen gegebenenfalls die Verantwortung für ihre Fehler. Dazu verfügen sie über ein beachtliches Einfühlungsvermögen, können andere überzeugen und motivieren.

Verhängte Augen

Verhängte Augen drücken eher Passivität aus. Die Initiative oder die Verantwortung überlassen diese Menschen lieber anderen. Bei der Ausführung von Anweisungen sind sie zuverlässig und akkurat. Sie erledigen das, was zu tun ist, und übernehmen auch Aufgaben, die anderen unangenehm erscheinen.

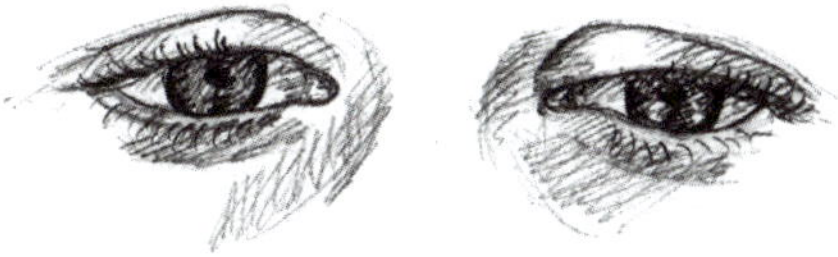

Verhängte Augen

Unterschiedliche Augenstellungen und -formen:

eng zusammenstehende Augen	klare Zielvorstellungen, engagiert
weiter auseinander liegende Augen	nüchterne Denkweise, realistisch, zuverlässig, auch in Stress-Situationen zielorientiert
offene Augen	aufgeschlossen, natürliche Autorität, verantwortungsvoll, optimistisch
verhängte Augen	zuverlässig und akkurat, eher passiv

Die Augenstellung kann auf Idealisten oder bodenständige Menschen hinweisen. Auch die Aufmerksamkeit und innere Beteiligung an einem Gespräch oder Geschehen äußert sich an den Augen.

4.6 Die Ohren

Wenn Sie sich aufmerksam umsehen, werden Sie bei Ihren Mitmenschen Unterschiede in der Form der Ohren und Ohrläppchen erkennen. Auch diese deuten auf verschiedene persönliche Eigenschaften hin.

Große Ohren

Menschen mit großen Ohren haben in der Regel ein gesundes Selbstbewusstsein. Ihre kommunikativen Fähigkeiten sind kaum zu übertreffen und auf ihr Urteilsvermögen ist Verlass. Dies ist unter anderem auf ihren ausgeprägten Realitätssinn zurückzuführen. Eine weitere Stärke besteht in ihrem souveränen Umgang mit Belastungen. Sie können andere begeistern, mitreißen und motivieren.

Kleine Ohren

Menschen mit kleinen Ohren verstehen es, auf die Probleme, Fragen und Schwierigkeiten anderer einzugehen. Sie verfügen über einen ausgeprägten Gerechtigkeitssinn und zeigen sich anderen gegenüber hilfsbereit und kollegial. Da sie dafür oft ihre eigenen Interessen zurückstellen, entsteht manchmal der Eindruck, dass sie sich von anderen ausnutzen lassen.

Große Ohrläppchen

Menschen mit großen Ohrläppchen haben einen ausgeprägten Sinn für Selbstbestimmung und Selbstverwirklichung. Dabei sind sie weniger materialistisch als idealistisch motiviert, wobei es geschehen kann, dass sie gelegentlich die Realität aus den Augen verlieren. Sie halten hartnäckig an ihren Vorstellungen fest und gelten als sehr kreativ.

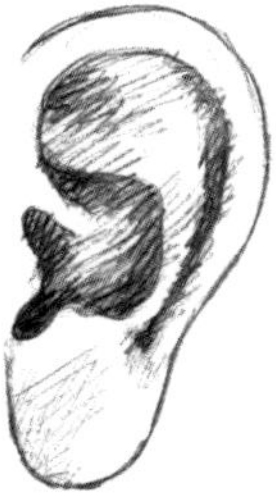

Ohren mit großen Ohrläppchen

Kleine Ohrläppchen

Menschen mit kleinen Ohrläppchen sind in der Regel ausgesprochene Praktiker mit einem ausgeprägten Organisationstalent. Auch sie sind sehr realistisch und lassen sich nicht so schnell etwas vormachen oder sich von anderen beeinflussen. Ihr gesamtes Handeln wird von ihrem sachlichen Denken bestimmt. Ihre Gefühle halten diese Menschen eher unter Verschluss.

Ohren mit kleinen Ohrläppchen

Angewachsene Ohrläppchen

Viele der zuvor genannten Merkmale und Eigenschaften treffen auch auf Menschen mit angewachsenen Ohrläppchen zu. Sie sind Praktiker und Pragmatiker; für sie geht es nicht nur um das Machbare, sondern vor allem um das Nützliche. Bei dem Ehrgeiz, den sie zur Erreichung ihrer Ziele entwickeln, können die Interessen anderer leicht untergehen.

Ohren mit angewachsenen Ohrläppchen

Der Körperbau, die Hände, das Gesicht, die Augen und die Ohren lassen bis zu einem gewissen Grad Rückschlüsse auf die Wesensmerkmale eines Menschen zu. Mit ein bisschen Übung und Einfühlungsvermögen können Sie

- ***von bestimmten Körpermerkmalen auf tendenzielle Charaktereigenschaften des anderen schließen,***
- ***die entsprechende Person in einem größeren Zusammenhang sehen,***
- ***Schlussfolgerungen für Ihr eigenes Verhalten im Hinblick auf Ihre Zielsetzung ziehen.***

30 MINUTEN

Was ist aus der Schriftgröße erkennbar?

Seite 78

Was sagt eine rechtslastige Schrift über einen Menschen aus?

Seite 82

Welcher Zusammenhang ist aus dem Schriftfluss herauszulesen?

Seite 83

5. Die Handschrift

Auf einem Volksfest konnte ich vor kurzem ein älteres Ehepaar beobachten, das sich vor dem Stand eines Handschriftendeuters angeregt unterhielt: „Schade um das Geld, der kann mir doch nicht erzählen, aus meiner Handschrift herausgelesen zu haben, dass wir nächstes Jahr im Lotto gewinnen. Schön wär's ja, aber ...!" Hier soll es nicht um die Deutung der Handschrift im Sinne von Wahrsagerei gehen, sondern um die Graphologie, also die Wissenschaft von der Deutung der Handschrift als Ausdruck des Charakters und der menschlichen Individualität.

Bei vielen Stellenausschreibungen ist ein handschriftlicher Lebenslauf erwünscht. Das geschieht nicht von ungefähr. Der Gesamteindruck Ihres Schriftbildes, zum Beispiel Regelmäßigkeit, Weite und Enge der Schrift, ihre Größe, die Beachtung der Seitenränder, die Schriftlage usw., tragen zum Gesamteindruck bei, den man sich über Sie und Ihre Charaktereigenschaften machen möchte.

5.1 Schriftgröße

Graphologie ist ein so umfangreiches Gebiet, dass ich mich hier nur auf einige wenige, aber besonders auffällige Merkmale beschränken will.

Die übermäßig große Schrift

Die übermäßig große Schrift spricht für ein natürliches Selbstbewusstsein. Hier drückt sich ein ausgeprägter Realitätssinn aus. Das eigene Gefühlsleben wird beherrscht, es dringt nur wenig davon nach außen. In dieser Schrift wird ein starkes Unabhängigkeitsbedürfnis deutlich. Herausforderungen bewältigen diese Menschen lieber allein als im Team.

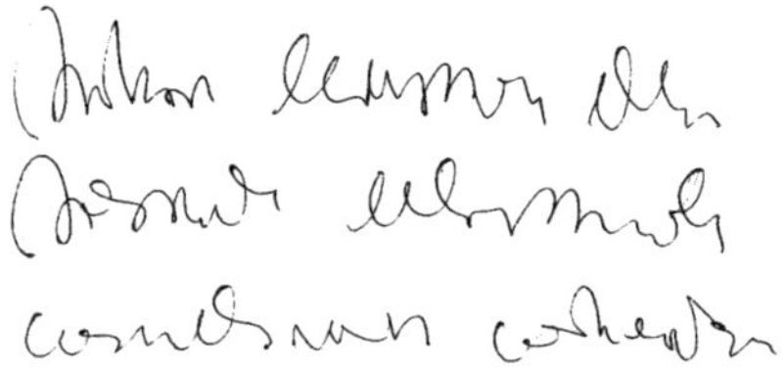

Die übermäßig große Schrift

Die große Schrift

Die Wahrnehmung der Wirklichkeit geschieht bei Menschen mit einer großen Schrift in erster Linie vor dem Hintergrund des eigenen psychischen Befindens. Das bedeutet, dass derjenige häufigen Stimmungsschwankungen unterliegt. Seine Emotionalität drängt sachlich-logische Überlegungen im Vorfeld von Entscheidungen zurück. Solche Menschen sind begeisterungsfähig und zeichnen sich durch Spontaneität aus.

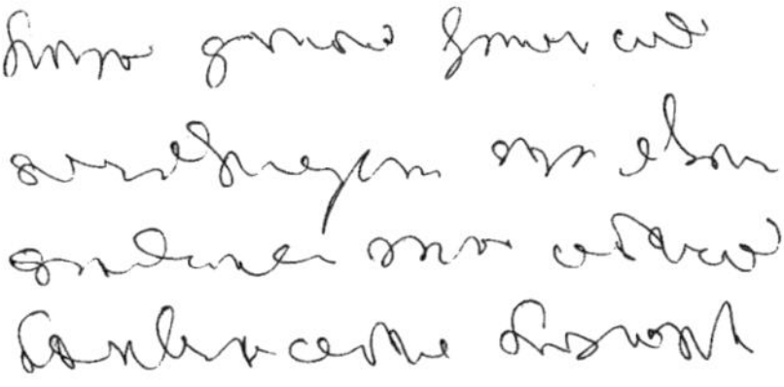

Die große Schrift

Die kleine Schrift

In der kleinen Schrift spiegeln sich Sachlichkeit und Realitätsbezogenheit im Denken wider. Diese Menschen nehmen Kritik nicht persönlich. Sie sind sehr selbstdiszipliniert, gewissenhaft, pünktlich, genau und zuverlässig. Ihre Schrift bringt die Konzentration auf das Wesentliche zum Ausdruck und beschränkt sich auf die Mitteilung von Fakten.

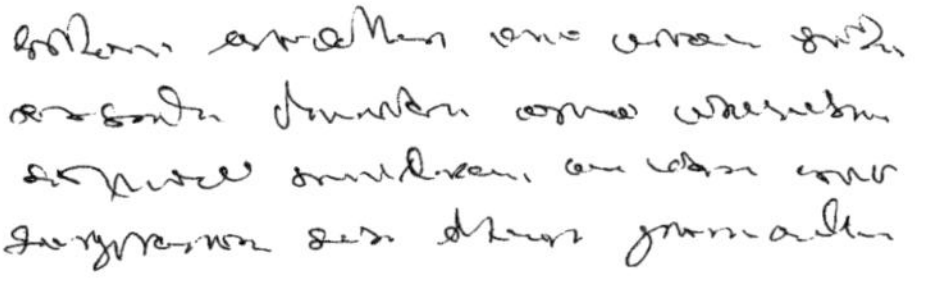

Die kleine Schrift

30 *In der Größe der Schrift sind Informationen enthalten, die einige Charaktereigenschaften des Schreibenden erkennen lassen. Sie erfahren, ob es sich um einen selbstbewussten, sachlichen oder eher gefühlsbetonten Menschen handelt.*

5.2 Schriftbild

Bei der Einschätzung des Schriftbildes wird von der Gesamtheit des geschriebenen Textes ausgegangen.

Die auseinandergezogene Schrift

Die auseinander gezogene Schrift spricht für Willensstärke und Erfolgsstreben. Letzteres wird durch ein Durchsetzungsvermögen unterstützt, das unter Umständen auch bereit ist, Hindernisse kompromisslos zu beseitigen. Diese Menschen sind in ihrem Denken und Handeln sehr konsequent, risikobereit und unnachgiebig. Alles in allem haben sie eine positive Einstellung zum Leben und genießen ihre Erfolge. Sie stellen hohe Erwartungen an sich und ihr Umfeld.

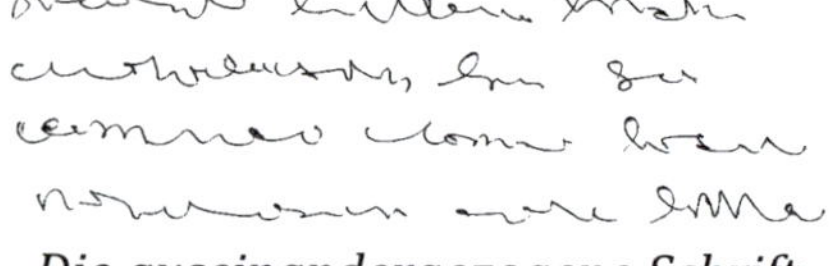

Die auseinandergezogene Schrift

Die waagerechte Schrift

Die waagerechte Schrift spricht vor allem für geistige Flexibilität. Auf neue Anforderungen wird sofort reagiert. Solche Menschen zeichnen sich durch eine hohe Leistungsbereitschaft aus. Sie werden auch in angespannten Situationen in ihrer Leistungsfähigkeit nicht nachlassen, denn sie können gut mit Stress umgehen und verbreiten selbst keine unnötige Hektik. Sie gelten außerdem als ausgesprochen teamfähig.

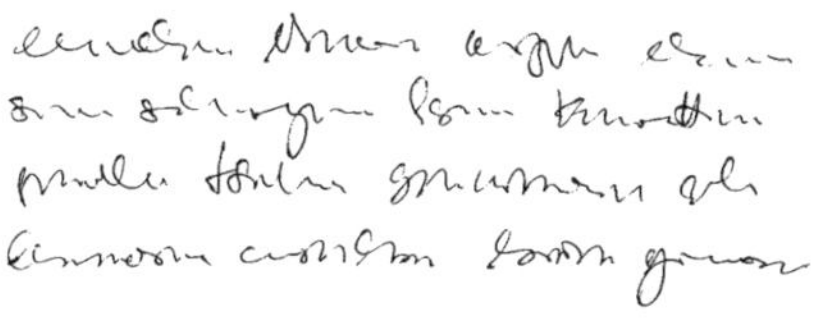

Die waagerechte Schrift

Die linkslastige Schrift

Hinter einer linkslastigen Handschrift verbergen sich mitunter Egozentriker, die aber nicht mit Egoisten verwechselt werden dürfen. Ihre Entscheidungen, ihr Denken und Handeln orientieren sich in der Regel an dem eigenen Befinden, unterliegen also gefühlsmäßigen Schwankungen. Diese Menschen überlegen sich sehr genau, mit wem sie zum Beispiel zusammenarbeiten können und mit wem nicht. Sie fragen sich: Passe ich in diese Situation, zu diesen Menschen usw.

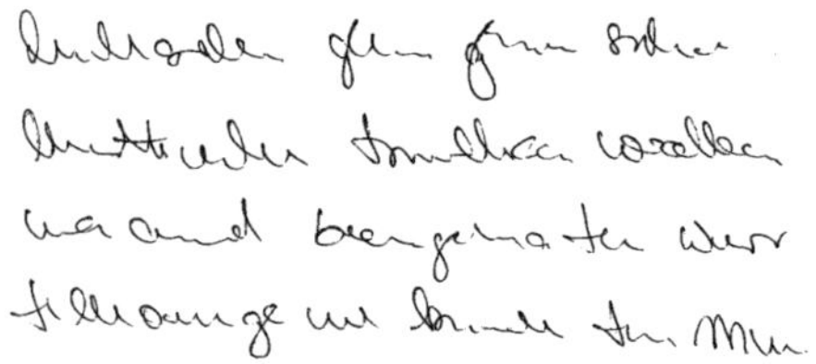

Die linkslastige Schrift

Die rechtslastige Schrift

Die rechtslastige Handschrift verrät Anpassungsfähigkeit und -bereitschaft. Damit ist keine willenlose Unterordnung gemeint, sondern vielmehr das Zurückstellen eigener Interessen hinter die Interessen der Allgemeinheit. Menschen mit einer solchen Schrift möchten etwas bewirken oder verändern. Bei der Lösung schwieriger Aufgaben legen sie ein beträchtliches Engagement an den Tag. Ihren Mitmenschen gegenüber treten sie aufgeschlossen und kommunikativ auf. Sie arbeiten gern im Team.

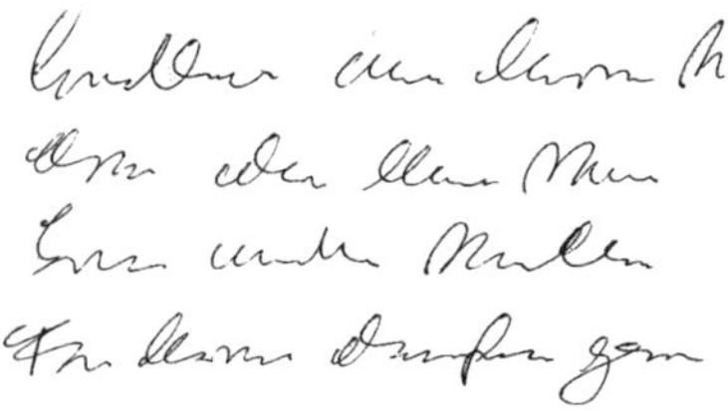

Die rechtslastige Schrift

Das Schriftbild ist der allgemeine Eindruck, der entsteht, wenn ein handgeschriebener Text betrachtet wird. Es sagt aus, ob ein Mensch eher willensstark, egozentrisch oder anpassungsfähig ist.

30

5.3 Schriftfluss

Auch der Schriftfluss, also der Grad der Gleichmäßigkeit und Ruhe in der Schrift, kann Aussagen über die Charaktereigenschaften und zum Beispiel das Selbstwertgefühl des Schreibenden zulassen.

Die Schrift in Arkaden

Hinter einer Schrift „in Arkaden" sind verschlossene Menschen zu vermuten. Sie lassen sich, wie man so schön sagt, nicht gern in die Karten schauen. Gründe dafür können Unsicherheit oder ein mangelndes Selbstwertgefühl sein. Andererseits könnte es sich dabei auch um jemanden handeln, der erst sehr gründlich und genau nachdenkt, bevor er aktiv wird.

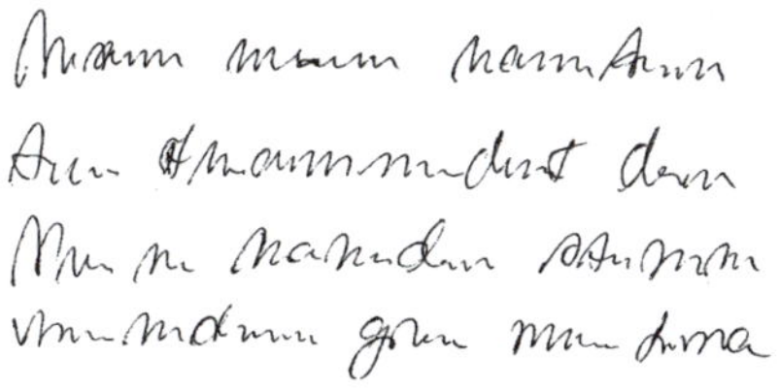

Die Schrift in Arkaden

Die Schrift in Winkeln

Menschen mit einer so genannten Schrift in Winkeln legen bei der Bewältigung eines anstehenden Problems meist nur wenig Kompromissbereitschaft an den Tag. Dadurch wirken sie in Konfliktsituationen und in Geschäftsverhandlungen den Diskussions- bzw. Verhandlungspartnern gegenüber häufig überlegen. Andererseits zeigen sie auch oft Anpassungsschwierigkeiten und eine gewisse Eigenwilligkeit, was ihre Teamfähigkeit teilweise einschränken kann.

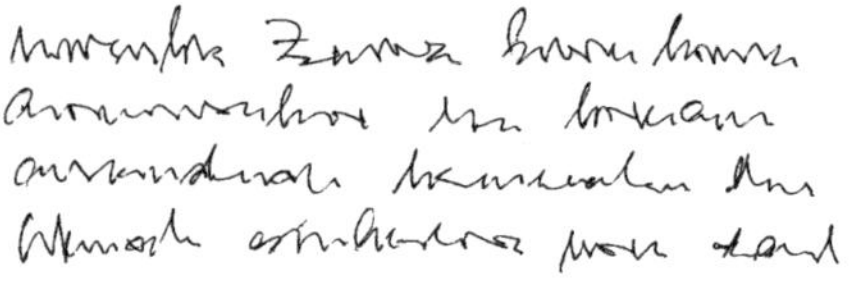

Die Schrift in Winkeln

Die Schrift in Girlanden

Menschen mit einer girlandenförmigen Handschrift sind bestrebt, Fehler zu vermeiden und es anderen unter allen Umständen recht zu machen. Durch ihr mangelndes Selbstvertrauen sind diese Menschen auf ein positives Feedback regelrecht angewiesen.

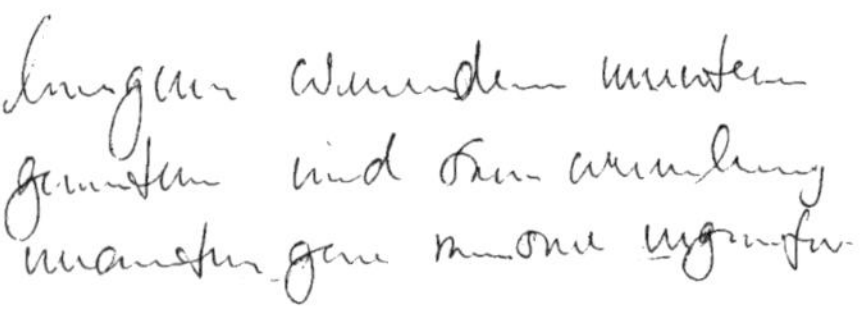

Die Schrift in Girlanden

Die Größe der Handschrift, das Schriftbild und der Schriftfluss lassen Aussagen über die Hauptcharaktereigenschaften eines Menschen zu. 30

- ***Informationen über Selbstbewusstsein, Emotionalität oder Sachlichkeit sind aus der Schriftgröße ablesbar.***
- ***Das Schriftbild weist auf Willensstärke, geistige Flexibilität oder Anpassungsfähigkeit hin.***
- ***Immer wiederkehrende Unregelmäßigkeiten in der Schrift deuten auf ein starkes Selbstwertgefühl, Unsicherheit oder Verschlossenheit hin.***

Fast Reader

1. Die Bedeutung von Menschenkenntnis

In vielen Situationen und vor allem bei Personalentscheidungen kommt es darauf an, Hinweise auf das allgemeine Verhalten, die Fähigkeiten, die emotionale Stabilität, das Leistungsvermögen und die Kontaktfähigkeit des Gesprächspartners zu erhalten.
Der erste Eindruck entsteht in den ersten Sekunden eines Zusammentreffens aus einer Vielzahl von aufgenommenen Informationen. Er lässt sich später nur schwer korrigieren.
Da viele Begegnungen mit einem begrüßenden Händedruck beginnen, sollten Sie ihm die entsprechende Bedeutung beimessen. Im Lauf der Zeit wird es Ihnen immer besser gelingen, aus der Wahrnehmung der verbalen und nonverbalen Signale die richtigen Schlüsse zu ziehen.

Während eines Gesprächs kommt es häufig darauf an, Hinweise auf das allgemeine Verhalten, die Fähigkeiten, die emotionale Stabilität, das Leistungsvermögen und/oder die Kontaktfähigkeit des Gesprächspartners zu erhalten. Nur so lassen sich Fehlurteile vermeiden, die später das private oder berufliche Verhältnis belasten könnten. 30

Das aufmerksame Beobachten, schon bei der Begrüßung und im anschließenden Gespräch, lässt viele wertvolle Schlussfolgerungen zu.

2. Verhaltensprogramme

Jeder Mensch verfügt zu individuell verschiedenen Anteilen sowohl über das Verhaltensmuster der Introvertiertheit als auch über das der Extrovertiertheit. Erst das Überwiegen des einen oder anderen Verhaltensprogramms macht den Grundtypus aus! Sie erkennen den Strategen an der konsequenten Ansteuerung seines Ziels unter Einbeziehung aller zur Verfügung stehenden Mittel. Demgegenüber beschäftigen sich Problembewusste mit mehreren Lösungsvorschlägen und sind sensibel im Umgang mit ihren Mitmenschen.

Das Bedürfnis nach Leistung, Selbstverwirklichung sowie Anerkennung entwickelt der Aktive aus sich selbst heraus. Demgegenüber benötigt der Passive Anstöße von außen.

Konservative Menschen suchen Sicherheit und können sich nur schwer auf Veränderungen einstellen. Sind Innovationen erforderlich, um an bisherigen Erfolgen anknüpfen zu können, sind progressive Menschen für deren Umsetzung bestens geeignet.
Menschen, die gern im Team arbeiten, sind daran interessiert, das Team auch in kritischen Situationen zusammenzuhalten, und verkörpern den integrierenden Typus in einer Gruppe. Demokraten werden Positionen bevorzugen, in denen sie nicht auf sich alleine gestellt sind, im Gegensatz zum Einzelkämpfer.

30 ***Jeder Mensch handelt auf Grund eines unbewusst ablaufenden Verhaltensprogramms.***

- ***Das äußert sich darin, dass extrovertierte Menschen gern die Initiative ergreifen und sich in den Vordergrund stellen. Introvertierte Menschen dagegen warten auf Impulse von außen.***
- ***Zur Erreichung eines Ziels benutzt jeder Mensch, abhängig von seinem Verhaltensprogramm, andere Strategien.***
- ***Nicht jeder Mensch ist in der Lage, sich selbst zu motivieren, viele brauchen äußere Anstöße dazu.***
- ***Bestimmte Stress-Situationen können bei dem einen sehr emotionale Reaktionen hervorrufen, der andere scheint dagegen immun zu sein.***

3. Wahrnehmung und Verhalten

Für den visuellen Typus ist es von großer Bedeutung, sich die Dinge bildlich vorstellen zu können. Das gesprochene Wort hat dagegen für einen auditiv Wahrnehmenden höchste Priorität. Für Kinästheten spielen eigene Erfahrungen und Emotionen eine große Rolle.
Bevorzugte Farben bei einem Menschen können als nonverbale Kommunikation Informationen und Signale vermitteln. Dabei verbinden wir zum Beispiel Schwarz mit Mystischem, Blau mit Stresstoleranz und Orange mit Kreativität. Diese, in Verbindung mit der Farbe genannten Charaktereigenschaften treffen nicht immer, aber sehr häufig zu.
Wie jemand Platz nimmt, lässt unter Umständen darauf schließen, wie er sich fühlt und was möglicherweise von ihm zu erwarten ist.
Die Lautstärke und der Klang der Stimme geben Auskunft über das emotionale Befinden eines Menschen. Wenn Sie genau hinhören, erfahren Sie dadurch sehr viel über die innere Verfassung Ihres Gesprächspartners.

Mit unseren fünf Sinnen bilden wir nicht die wirkliche Welt ab, sondern unsere eigene.

- ***Jeder bevorzugt bestimmte Wahrnehmungskanäle – welche das sind, erkennt man unter anderem an der Wortwahl.***

- ***An bestimmten Verhaltensmustern und Farbpräferenzen kann man bei genauer Beobachtung viel über den anderen erfahren.***
- ***Versuchen Sie dieses Wissen bei Ihrem nächsten Gespräch anzuwenden!***

4. Temperamente und Körpertypologien

Es gibt verschiedene Temperamente, die zumindest ansatzweise bei allen Menschen auftreten. Sie sind mitverantwortlich für die allgemeine Lebenseinstellung und äußern sich in unterschiedlichen Verhaltensweisen.
Sicher treffen nicht immer alle Charaktereigenschaften auf einen bestimmten Menschen zu. Genauso, wie sich der Körperbautyp mitunter nicht eindeutig festlegen lässt. Wichtig für die Einschätzung eines anderen ist die Grundtendenz.
Der Blick auf die Hände verrät Ihnen viel über Ihren Gesprächspartner. Nicht nur Hinweise auf die Fähigkeit zu körperlicher Arbeit, sondern auch Charaktereigenschaften lassen sich hier ablesen.
Sie können anhand der Gesichtsform auf den ersten Blick erkennen, mit welcher Wesensart ihr Gesprächspartner ausgestattet ist. Über Jahre hinweg haben sich bestimmte Eigenschaften als Falten eingeprägt.

Die Augenstellung kann auf Idealisten oder bodenständige Menschen hinweisen. Auch die Aufmerksamkeit und innere Beteiligung an einem Gespräch oder Geschehen äußert sich an den Augen.

30

Der Körperbau, die Hände, das Gesicht, die Augen und die Ohren lassen bis zu einem gewissen Grad Rückschlüsse auf die Wesensmerkmale eines Menschen zu. Mit ein bisschen Übung und Einfühlungsvermögen können Sie

- ***von bestimmten Körpermerkmalen auf tendenzielle Charaktereigenschaften des anderen schließen,***
- ***die entsprechende Person in einem größeren Zusammenhang sehen,***
- ***Schlussfolgerungen für Ihr eigenes Verhalten im Hinblick auf Ihre Zielsetzung ziehen.***

5. Die Handschrift

In der Größe der Schrift sind Informationen enthalten, die einige Charaktereigenschaften des Schreibenden erkennen lassen. Sie erfahren, ob es sich um einen selbstbewussten, sachlichen oder eher gefühlsbetonten Menschen handelt.
Das Schriftbild ist der allgemeine Eindruck, der entsteht, wenn ein handgeschriebener Text betrachtet

wird. Es sagt aus, ob ein Mensch eher willensstark, egozentrisch oder anpassungsfähig ist.

30 ***Die Größe der Handschrift, das Schriftbild und der Schriftfluss lassen Aussagen über die Hauptcharaktereigenschaften eines Menschen zu.***

- ***Informationen über Selbstbewusstsein, Emotionalität oder Sachlichkeit sind aus der Schriftgröße ablesbar.***
- ***Das Schriftbild weist auf Willensstärke, geistige Flexibilität oder Anpassungsfähigkeit hin.***
- ***Immer wiederkehrende Unregelmäßigkeiten in der Schrift deuten auf ein starkes Selbstwertgefühl, Unsicherheit oder Verschlossenheit hin.***

Register

audissimo – Hörwissen für Eilige

GABAL

audissimo
Das 30-Minuten-Hörbuch

Jede CD
Laufzeit ca. 60 Minuten
€ 16,90 (D/A)

Martin Wehrle
30 Minuten Karrieresprung
ISBN 978-3-86936-280-9

Rudolf Müller, Martin Jürgens
30 Minuten für effektive Selbstlerntechniken
ISBN 978-3-86936-216-8

Lothar Seiwert
30 Minuten für deine Work-Life-Balance
ISBN 978-3-89749-945-4

Claudia Fischer
30 Minuten Business-Telefonate, die begeistern
ISBN 978-3-86936-282-3

Alexander Groth
30 Minuten Stärkenorientiertes Führen
ISBN 978-3-86936-281-6

Helmut Muthers
30 Minuten für „ver-rückte" Unternehmer
ISBN 978-3-86936-213-7

Mathias Gnida
30 Minuten gegen Flugangst
ISBN 978-3-86936-214-4

Moritz Boerner
30 Minuten für die Auflösung von Ärger und Frustration
ISBN 978-3-86936-215-1

Frank H. Berndt
30 Minuten gegen Burn-out
ISBN 978-3-86936-039-3

Weitere Informationen finden Sie unter www.gabal-verlag.de